Typisch  Italienisch

von
Antonietta Abbruscato

PONS GmbH
Stuttgart

PONS

TYPISCH ITALIENISCH

von
Antonietta Abbruscato

1. Auflage 2017

© PONS GmbH, Stöckachstraße 11, 70190 Stuttgart, 2017
www.pons.de
E-Mail: info@pons.de
Alle Rechte vorbehalten.

Redaktion: Linda Barlassina
Logoentwurf: Erwin Poell, Heidelberg
Logoüberarbeitung: Sabine Redlin, Ludwigsburg
Einbandgestaltung: Anne Helbich, Stuttgart
Titelfoto: Spaghetti: Shutterstock/ gresei,
Auto: Shutterstock/ kylesmith, Maske: Shutterstock/ Kameel4u,
Basilikum: Shutterstock/ Olga Miltsova,
Tasse: Thinkstock/ missbobbit,
Olivenzweige: iStockphoto/ martin951
Layout: Petra Michel, Gestaltung & Typografie, Bamberg
Satz: tebitron gmbh, Gerlingen
Druck und Bindung: Multiprint GmbH

Printed in the EU.
ISBN: 978-3-12-562936-5

Molto italiano!

Vertiefen Sie mit diesem Rätselbuch Ihr Wissen über Italien und erweitern Sie Ihre Italienisch-Kenntnisse in 20 großen Quiz-Themen. Dabei erfahren Sie noch mehr Interessantes, Unterhaltsames und Skurriles rund um den Stiefel.

Die **20 Themen** stehen jeweils unter einem **Motto**, sei es eine Stadt, eine Region oder ein kulturelles Thema.
Dabei gibt es vier Rubriken, die farblich gekennzeichnet sind:

Mensch & Natur: *Geschichte, Geographie, Politik, Wirtschaft etc.*
Kultur & Reisen: *Kunst, Literatur, Sehenswürdigkeiten etc.*
Sprache & mehr: *Sprache, Kommunikation, Humor, Rezepte etc.*
Rätseln & Knobeln: *sprachliche und kulturelle Rätsel*

Kurztrip oder große Rundreise – das ist ganz Ihnen überlassen: Sie können sich entweder gezielt die Themen oder Rubriken aussuchen, die Sie am meisten interessieren oder aber Sie machen die ganze Reise rund um den Stiefel.

Bei einigen Rätseln müssen Sie sicherlich ein wenig **raten** und **ausprobieren**, aber die ausführlichen **Lösungen** werden Ihnen helfen, Ihr Wissen über die Sprache, das Land und die Leute zu erweitern. Und wenn Sie einmal sprachlich nicht weiter wissen, hilft Ihnen das **Wortverzeichnis** zu den schwierigsten Wörtern.

Buon viaggio!
Ihre Pons-Redaktion

Inhalt

Il bel paese 6
Numeri e fatti · Laghi d'Italia · Tanti saluti da...? · Vip italiani · Turisti · Cosa si dice?

La terra dei tesori 12
Dov'è...? · I numeri uno · Le spiagge più belle · Il viaggio di Goethe · Artisti · Regioni d'Italia · Stili d'arte · Bellezze naturali

Ciak si gira! 16
Prodotti del Nord-Est · Venezia · Celebrità · Cinema italiano · Quiz Veneto · Carnevale · Viva il gossip! · Film per tutti i gusti

Che si fa stasera? 22
Tutti in piazza! · Cosa non si fa in piazza? · Una bella serata · Le sagre · L'arte del flirt · Prenotare un tavolo · Usciamo! · Lo Spritz

La mamma è sempre la mamma! 26
Aziende famigliari · Donne al potere · Nord e Sud · La famiglia · Il ragù alla bolognese · Modi di dire · L'albero di Matilde · Parenti

Vieni via con me 32
Quiz Piemonte · Re d'Italia · Rivalità · Numeri e città · Vitello tonnato · Slow Food · Mestieri · Aromi

La via dell'amore 36
Le Repubbliche Marinare · Cristoforo Colombo · In treno alle Cinque Terre · Velocità · Il pesto alla genovese · Mi piaci! · Coppie famose · Latin Lover

Canta che ti passa 42
Cantanti · Il Festival di Sanremo · Generi musicali e balli tipici · Classici · Biglietti · Secondo me... · Strumenti musicali · Modi di dire

Sempre caro mi fu... 46
Emilia-Romagna e Marche · Motori · Maria Montessori · Sistema scolastico · Parmigiano & Co. · Ricette tipiche · Feste · Cosa si dice?

Non solo pizza! 52
Menù · Abitudini italiane a tavola · Piatti regionali · Formati di pasta · Cosa si dice? · Pasti tipo · Puttanesca · Con le mani

Nel mezzo del cammin… 56

Quiz Toscana · Gli Etruschi ·
Letteratura italiana · Vini tipici ·
Feste toscane · Bella Toscana ·
Leggere è bello · Tempo libero

Il cuore verde 62

Quiz Umbria · Curiosità · Vita di San
Francesco · Quiz Abruzzo · Tesori del
Centroitalia · Trekking sull'Appennino ·
Menù · Animali

Quanto sei bella Roma 66

Romolo & Co. · Roma e il fascismo · Gli antichi
Romani · Cosa fare a Roma · Non solo Roma ·
Stranezze · Cosa si dice · Informazioni utili

Ma è una mania! 72

Nuove e vecchie manie · Mania
dell'igiene · Gioco d'azzardo · Che pulito! ·
Che (s)fortuna! · Così no! · Parolacce ·
Modi di dire

Ah che bello 'o cafè 76

Quiz Campania · Il Regno delle due
Sicilie · Che traffico! · Segnali stradali ·
Da non perdere · Numeri fortunati ·
Il caffè · La pizza napoletana

Forza azzurri! 82

Quiz sport · Squadre doppie · Sport in TV ·
Gli italiani e lo sport · Campioni ·
Palla o pallina? · Stampa italiana · Gol!

Tacco e Punta 86

Quiz Puglia e Calabria · Federico II di Svevia ·
Pizzica e Taranta · Personaggi famosi ·
Specialità del Sud · Piccantissimo! ·
Mafie varie · Numeri

Un posto al sole! 92

Export · Il mondo del lavoro · Vacanze
italiane · In valigia · Proverbi meteo · Che
tempo fa? · Giorni festivi · Energia solare & Co.

Isole e isolotti 96

Quiz isole · Piccoli Arcipelaghi ·
Viaggiare per mare · Il Commissario Montalbano ·
Coniglio al mirto · Colazioni insolite ·
Pantelleria · Dominazioni in Sardegna

Ciao bello! 102

L'uomo italiano è… · Status symbol ·
Come spendono gli italiani · Bellezza
nell'arte · Che bella sei! · I paesaggi più belli ·
Modi di dire · Cruciverba con aggettivi

Anhang

Lösungen 106

Wortverzeichnis 117

Il bel paese

Il bel paese

Wenn Sie von **Bella Italia** sprechen, denken die Italiener höchstens an ein Stadtviertel in der uruguayischen Hauptstadt Montevideo, das von Italienern gegründet wurde. Der Begriff ist in Italien nicht geläufig (und grammatikalisch falsch). Für die Italiener ist Italien ganz einfach das schöne Land, **il bel paese** (auch **Belpaese** geschrieben), wie es schon von den Nationaldichtern **Dante** und **Petrarca** besungen wurde. Letzterer schwärmte im 14. Jahrhundert vom „schönen Land, das der **Apennin** teilt und das vom Meer und den Alpen umgeben ist".

Cultura a non finire!

Für Kulturinteressierte ist Italien das reinste Paradies. Kein Wunder, denn **60% der Kunstwerke** der ganzen Welt befinden sich auf italienischem Boden. Über die ganze Halbinsel verteilt, befinden sich über **3.500 öffentliche Museen**. Dazu kommen noch mindestens 1.000 private und institutionelle Sammlungen sowie archäologische Stätten. Mit **47 Kultur- und Naturdenkmälern** belegt Italien außerdem den ersten Platz auf der Weltrangliste des **UNESCO**-Kulturerbes.

Il bel paese

Numeri e fatti

Mögen Sie Zahlen und Fakten? Dann kombinieren Sie!

Als 1906 der lombardische Geschäftsmann **Egidio Galbani** seine zukunftsträchtige Idee hatte, konnte man in italienischen Delikatessenläden nur französische Käsespezialitäten finden. Patriotismus und ein guter Riecher brachten seinen halbjungen Käse **Bel Paese** in die Geschäfte und seitdem ist er ein Klassiker auf Italiens Tafeln.

1. 60.626.442
2. 301.338
3. 300
4. 1.936,27
5. 96,55
6. 265
7. 70
8. 7
9. 35

___ A Territorio totale in km²

___ B Peso medio di una pizza in grammi

___ C Valore di un euro (in lire) nel 2002

___ D Percentuale degli italiani cattolici

___ E Abitanti (2011)

___ F Colli di Roma

___ G Territorio montagnoso in %

___ H Papi fino ad oggi (incluso Papa Benedetto XVI)

___ I La distanza più corta dal continente africano in km

Laghi d'Italia

In der Wortschlange verstecken sich die Namen der wichtigsten Seen Italiens. Kreisen Sie alle ein. Übrig bleibt ein südlich gelegener See mit einem wunderschönen Namen.

MAGGIORE GARDA SPEC BOLSENA CHIO TRASIMENO COMO DI VENE LUGANO RE SEO

(1) MAGGIORE (2) GARDA (3) BOLSENA (4) TRASIMENO (5) COMO (6) LUGANO (7) SEO

Lösung: SPECCHIO DI VENERE

8 MENSCH & NATUR

Kennen Sie sich mit den berühmtesten Sehenswürdigkeiten Italiens aus? Wo genau steht was? Füllen Sie die Kästchen aus.

Tanti saluti da…?

Duomo

Teatro greco

A Venezia

B Verona

Fontana di Trevi

Palazzo ducale

C Milano

D Pisa

Arena

Torre pendente

E Roma

F Città del Vaticano

G Napoli

Cappella Sistina

Vesuvio

H Siracusa

KULTUR & REISEN

Il bel paese

Vip italiani

Kennen Sie die Berufe dieser berühmten Persönlichkeiten? Ordnen Sie zu.

1. Maria Montessori
2. Galileo Galilei
3. Roberto Benigni
4. Michelangelo
5. Miuccia Prada
6. Silvio Berlusconi
7. Tiziano Ferro
8. Niccolò Paganini
9. Elsa Morante
10. Dante Alighieri

Niccolò Paganini, der genuesische Violinist und Komponist war für seine Eigenarten berühmt. Eine davon bestand darin, nie Zugaben zu spielen. Daher kommt der Ausspruch **Paganini non ripete**, wenn man nicht wiederholen möchte, was man zuvor gesagt hat.

___ A Comico e regista

___ B Imprenditore e politico

___ C Violinista e compositore

___ D Scienziato e filosofo

___ E Poeta e linguista

___ F Stilista di moda e imprenditrice

___ G Pedagogista e medico (donna)

___ H Cantante e autore (cantautore)

___ I Scrittrice e traduttrice

___ J Artista e poeta

KULTUR & REISEN

Turisti

Welche Dinge sollten Sie in Italien **nicht** tun, da Sie sonst sofort als Tourist auffallen würden?

- ☐ **1.** … sich von Unbekannten mit "ciao" verabschieden.
- ☐ **2.** … nach einer Hauptmahlzeit Latte Macchiato bestellen.
- ☐ **3.** … mit dem Verkehrspolizist über die Höhe einer Geldstrafe verhandeln.
- ☐ **4.** … auf historischen Treppen sitzen.
- ☐ **5.** … jemanden auf der Straße nach der Uhrzeit fragen.
- ☐ **6.** … ein Glas Wein zur Pizza bestellen.
- ☐ **7.** … den Kellner mit "cameriere" ansprechen.
- ☐ **8.** … sich im Restaurant über das "coperto" aufregen.

Cosa si dice?

Was sagen Sie, …

1. … wenn jemand geniest hat?
- ☐ A Benedetto!
- ☐ B Salute!
- ☐ C Opplà!

2. … um jemanden herein zu bitten, der geklopft hat?
- ☐ A Aspetti!
- ☐ B Dentro!
- ☐ C Avanti!

3. … um jemanden vor einer Gefahr zu warnen?
- ☐ A Cauzione!
- ☐ B Attenzione!
- ☐ C Aiuto!

4. … um jemanden zu grüßen ohne zu duzen oder zu siezen?
- ☐ A Hey!
- ☐ B Ciao!
- ☐ C Salve!

SPRACHE & MEHR

La terra dei tesori

Dov'è…?

Kennen Sie sich in Italien aus? Wo liegen diese Hauptstädte der einzelnen Regionen?

___ A Roma
___ B Firenze
___ C Venezia
___ D Perugia
___ E Milano
___ F Bari
___ G Napoli
___ H Palermo
___ I Genova
___ J Torino

I numeri uno

Was ist die jeweilige Nummer Eins in Italien?

1. La città più grande d'Italia è
   - ☐ A Milano
   - ☐ B Roma
   - ☐ C Torino

2. Il fiume più lungo d'Italia è
   - ☐ A il Po
   - ☐ B il Piave
   - ☐ C l'Arno

3. Il lago italiano più profondo è
   - ☐ A il Lago di Garda
   - ☐ B il Lago Trasimeno
   - ☐ C il Lago di Como

4. La montagna italiana più alta è
   - ☐ A il Monte Bianco
   - ☐ B il Monte Rosa
   - ☐ C il Gran Paradiso

MENSCH & NATUR

Hier sind 4 der schönsten Strände Italiens. Können Sie ihre Besonderheiten erraten?

Le spiagge più belle

1. Conca dei Marini (Costiera Amalfitana)
Mit welchem Verkehrsmittel kann man diese entlegene Bucht erreichen?
- A Macchina
- B Barca
- C Bicicletta

2. Spiaggia dei Conigli (Isola di Lampedusa)
Welche Tiere legen im August hier ihre Eier?
- A Galline
- B Conigli
- C Tartarughe

Italiener machen am liebsten Urlaub in ihrem Heimatland und möglichst am Strand. Als Halbinsel bietet Italien nämlich 7.458 km Küste, wovon 96% zum Baden geeignet sind. Jedes Jahr wartet man gespannt auf die Top-10-Liste der **Lega Ambiente**, welche die schönsten Strände des Jahres auswählt. Die meisten sind naturbelassen und liegen fernab vom Massentourismus.

3. Berchida (Nuoro, Sardegna)
Welche Farbe hatte der Sand dieses Strandes ursprünglich?
- A Bianco
- B Marrone
- C Azzurro

4. Chiaia di luna (Isola di Ponza)
Welches Hindernis muss man überwinden, um in diese romantische Bucht zu kommen?
- A Un'autostrada
- B Un tunnel romano
- C Una montagna

Il viaggio di Goethe

Die Liebe zu Italien ist spätestens seit Goethe eine typisch deutsche Leidenschaft. Können Sie folgende Etappen der Reise von Norden nach Süden ordnen?

- A Ferrara
- B Perugia
- C Napoli
- D Rovereto (Trentino)
- E Firenze
- F Roma
- G Venezia
- H Palermo

Richtige Reihenfolge:
_____

KULTUR & REISEN 13

La terra dei tesori

Bringen Sie diese Meisterwerke der italienischen Kunst mit ihrem Schöpfer zusammen.

Artisti

1. La Gioconda
2. Il David
3. La Primavera
4. Bacco
5. Angeli

___ A Michelangelo ___ B Botticelli
___ C Caravaggio
___ D Leonardo da Vinci ___ E Raffaello

Regioni d'Italia

Wie heißen Italiens Regionen? Bringen Sie die Silben in die richtige Reihenfolge.

1. le-Val os-ta-d'A _____
2. te-mon-Pie _____
3. dia-bar-Lom _____
4. ne-Ve-to _____
5. u-li-Fri ne-Ve-zia lia-Giu _____
6. ti-no-Tren Al-to di-A-ge _____
7. E-lia-mi gna-Ro-ma _____
8. ria-gu-Li _____
9. sca-To-na _____
10. che-Mar _____
11. bria-Um _____
12. zio-La _____
13. bruz-A-zo _____
14. li-Mo-se _____
15. nia-Cam-pa _____
16. glia-Pu _____
17. bria-la-Ca _____
18. si-Ba-ca-li-ta _____
19. lia-Si-ci- _____
20. de-gna-Sar _____

KULTUR & REISEN

Stili d'arte

Kennen Sie sich mit Kunstepochen aus? Bringen Sie die Silben in die richtige Reihenfolge und finden Sie damit den Stil dieser berühmten Bauten heraus.

1. Duomo di Firenze: na-Ri-sci-to-men: _____
2. Terme di Caracalla: co-Gre – ma-no-Ro: _____
3. Duomo di Milano: ti-Go-co: _____
4. Basilica di San Pietro: roc-Ba-co: _____
5. Mosaici di Ravenna: zan-Bi-no-ti: _____
6. Ville del Palladio: Neo-si-clas-co: _____

Bellezze naturali

Wenn Sie jeder Naturschönheit ihre geographische Bezeichnung zuordnen, finden Sie jeweils einen Lösungsbuchstaben. Die Buchstaben ergeben den Namen eines herzförmigen Sees in den Abruzzen.

Lösung: Lago di _____

	Monte	Mare	Cascate (Wasserfall)	Vulcano	Fiume	Isola
1. Tirreno	A	(S)	F	R	N	T
2. Marmore	O	E	C	M	I	G
3. Stromboli	E	G	H	A	N	M
4. Tevere	F	O	F	A	N	C
5. Gran Sasso	N	U	E	R	L	D
6. Elba	A	N	T	C	I	O

KNOBELN & RÄTSELN

Ciak si gira!

Hollywood a Venezia

Ende August öffnet die Göttin der Meere viele ihrer **Palazzi** für die berühmte Biennale. Das Kunst-, Tanz- und **Filmfestival**, das die besten Werke des Jahres auszeichnet, lockt große und kleine Stars in die **Lagune**. Den „Leone D'oro" erhalten die wenigsten, aber alle zeigen sich gerne auf dem roten Teppich des **Lido**. Wohin man auch blickt, liegen hinter Kirchtürmen versteckt Luxusyachten und Stars könnten jederzeit um die Ecke biegen. Eine unvergessliche Stimmung für diejenigen, die dachten, Venedig könne man nicht steigern!

Prosecco: elisir di lunga vita

Der Name **Prosecco** hat nichts damit zu tun, dass er besonders **secco**, also trocken ist. Vielmehr stammt das Wort aus einem Viertel der Stadt Triest namens „Prozek", wo die für Prosecco verwendete **Rebsorte** ihren Ursprung hat. Bei den **Römern** war dieser Perlwein als **Vinum Pucinum** bekannt und erfreute täglich Kaiserin Livia, die ihn als **Lebenselixier** zu trinken pflegte. Immerhin wurde sie 87 Jahre alt – ein stattliches Alter für damalige Zeiten.

Ciak si gira!

Prodotti del Nord-Est

Der Nordosten ist eine der wirtschaftsstärksten Regionen Italiens. Kennen Sie ihre Exportschlager? Ordnen Sie diese den entsprechenden Kategorien zu.

Der Norden Italiens gehört zu den reichsten Regionen der Welt, Süditalien ist weit davon entfernt. Kein Wunder, dass die 2002 gegründete **Lega Nord**, die Loslösung der Region um den Fluss Po vom Rest Italiens zum erklärten Ziel hat. Der Gründer **Umberto Bossi** soll 1996 auch versucht haben, ein eigenes Parlament zusammen zu stellen, um den Staat **Padania** auszurufen. Die Partei steht außerdem seit Jahren wegen Ausländerfeindlichkeit und Rassismus in der Kritik.

1. Gastronomia
2. Moda
3. Vino
4. Caffè
5. Aperitivo

___ A Aperol   ___ B Amarone

___ C Illy   ___ D Prosciutto di San Daniele

___ E Benetton

Venezia

Venedig hat viele Eigenarten. Was stimmt?

VERO FALSO

1. Venezia è formata da 112 isole. ☐ ☐
2. Le isole sono collegate da più di 1000 ponti. ☐ ☐
3. Oggi le gondole sono fabbricate in Cina. ☐ ☐
4. Venezia ha "sestieri" *(Sechstel)* e non quartieri *(Viertel)*. ☐ ☐
5. Le piccole strade si chiamano "calli". ☐ ☐
6. Le case hanno numeri solo pari. ☐ ☐

MENSCH & NATUR

Celebrità

Kennen Sie sich mit italienischen Kinostars aus? Ordnen Sie die Namen der jeweiligen Biographie zu.

1. Sono nata a Roma nel 1974. Il mio film più famoso è "L'ultimo bacio". Il mio cognome significa "*Mittag*".

2. Sono nata a Roma nel 1955. Ho girato molti film con Adriano Celentano. Il mio cognome significa "*stumm*".

3. Sono nata a Città di Castello il 30 settembre 1964. Il mio primo successo al cinema è "Malèna".

___ A Monica Bellucci

___ B Giovanna Mezzogiorno

___ C Ornella Muti

Cinema italiano

Kennen Sie die Klassiker des Italienischen Kinos? Was gehört zusammen? Sortieren Sie.

Film
1. La vita è bella   ___ ___
2. Roma città aperta   ___ ___
3. La dolce vita   ___ ___
4. Matrimonio all'italiana   ___ ___
5. Rocco e i suoi fratelli   ___ ___
6. Il postino   ___ ___

Registi
a Federico Fellini
b Luchino Visconti
c Michael Radford
d Roberto Benigni
e Roberto Rossellini
f Vittorio de Sica

Attori protagonisti
A Anna Magnani
B Claudia Cardinale
C Marcello Mastroianni
D Massimo Troisi
E Roberto Benigni
F Sofia Loren & Marcello Mastroianni

40 Jahre italienische Geschichte in 6 Stunden: **La meglio gioventù** (deutscher Titel „*Die besten Jahre*"). Der zweiteilige Fernsehfilm, der Millionen Italiener begeisterte, erzählt von historischen Ereignissen wie der Überschwemmung in Florenz, der 68er Bewegung, von Terrorismus, der **Mafia** und von Korruption im Hintergrund einer mitreißenden Geschichte einer kleinbürgerlichen Familie. Taschentücher bereit halten! Es wird nämlich viel geweint und gelacht.

Ciak si gira!

Quiz Veneto

Testen Sie Ihr Wissen über die schöne Region Venezien.

1. Dove vivevano Romeo e Giulietta?
   - ☐ A A Venezia
   - ☐ B A Firenze
   - ☐ C A Verona

2. Dov'è l'università più antica?
   - ☐ A A Verona
   - ☐ B A Venezia
   - ☐ C A Padova

3. Quale mezzo di trasporto usano di più i Veneziani?
   - ☐ A L'auto
   - ☐ B Il vaporetto
   - ☐ C La gondola

4. Quale bevanda è nata nel 1948 a Venezia?
   - ☐ A Il Bellini
   - ☐ B Il Negroni
   - ☐ C Il Margarita

Carnevale

Die närrische Zeit wird in Italien mindestens so bunt gefeiert wie in Deutschland. Was wissen Sie darüber? Setzen Sie die fehlenden Wörter in die Lücken.

A Carnevale ogni scherzo vale. So lautet das Sprichwort zu dieser Zeit, in der alles erlaubt ist: seine Identität zu verschleiern, sich albern zu benehmen, sich der Wollust und anderen Lasten hinzugeben.

carri — bambini — romana — Venezia — dolci — premio — balli

1. Il Carnevale italiano più famoso nel mondo è quello di _____.
2. In molte città ci sono le sfilate dei _____ di Carnevale.
3. Il carro più bello riceve un _____.
4. In molte città italiane il Carnevale è solo una festa per _____.
5. A Carnevale si mangiano molti _____.
6. Il Carnevale era festeggiato già in epoca _____.
7. A Carnevale si va ai _____ in maschera.

Viva il gossip!

Kreuzen Sie das Wort an, das nicht dazu passt. Die dahinterstehenden Buchstaben verraten Ihnen, welche Farbe die „Klatschpresse" auf Italienisch hat.

Lösungswort: Cronaca _ _ _ _

1. Vacanze
   - A Yacht (D)
   - B Scarpe (R)
   - C Costume da bagno (S)

2. Paparazzi
   - A Flash (K)
   - B Foto (L)
   - C Ragazzo (O)

3. Autografo
   - A Tappeto rosso (U)
   - B Panino (S)
   - C Fan (E)

4. Vita privata
   - A Giornale (A)
   - B Matrimonio (F)
   - C Bacio (G)

Paparazzo hieß mit Nachnamen der Pressefotograf aus dem Fellinifilm **La Dolce Vita**. Er versuchte mit allen Mitteln, pikante Fotos von der blonden **Diva**, gespielt von Anita Ekberg, zu machen. Der Name „**Paparazzo**" wurde zur Bezeichnung für skrupellose Skandalfotografen und geriet spätestens nach dem tragischen Tod von Lady Diana in Paris endgültig in Verruf.

Film per tutti i gusti

Hier gibt es Filmgattungen für jeden Geschmack. Wie heißen sie? Kombinieren Sie.

1. Storia di crimini e polizia (è anche un colore).
2. Fa ridere.
3. Ci sono molte esplosioni.
4. Ha un contesto storico.
5. Così potrebbe essere il futuro.

___ A Azione
___ B Fantascienza
___ C Giallo
___ D Storico
___ E Comico

SPRACHE & MEHR

Che si fa stasera?

Die erste **Piazza** muss wohl das **Forum Romanum** gewesen sein. Dort trafen sich die Römer, um Geschäfte zu machen, über Politik zu reden oder einfach nur zu plaudern. Noch heute ist die Piazza das Herz einer Stadt: Marktplatz, Ort des Verweilens und Zentrum des öffentlichen Lebens. Hier kann man die aktuellsten Neuigkeiten erfahren, sich in Szene setzen, sich verabreden, Feste feiern, aber auch demonstrieren. Mit „**la Piazza**" ist nämlich auch die politische Meinung des Volkes gemeint.

Tutti in piazza!

Jede Stadt hat ihre Piazza. Können Sie folgende Städte mit ihren dazugehörigen Piazzas kombinieren?

1. Piazza Navona
2. Piazza San Marco
3. Piazza Duomo
4. Piazza dei Miracoli
5. Piazza del Campo
6. Piazza della Signoria

___ A Siena
___ B Venezia
___ C Roma
___ D Pisa
___ E Milano
___ F Firenze

Cosa non si fa in piazza?

Was macht man normalerweise nicht auf einer Piazza? Kreuzen Sie an.

☐ 1. Passeggiare
☐ 2. Nuotare
☐ 3. Giocare a carte
☐ 4. Giocare a pallone
☐ 5. Fare ordine
☐ 6. Chiacchierare
☐ 7. Andare a un concerto
☐ 8. Protestare
☐ 9. Dormire

MENSCH & NATUR

Was machen die Italiener, wenn sie sich treffen? Verbinden Sie.

1. Mangiare...
2. Andare in...
3. Fare una...
4. Giocare a...
5. Prendere un...
6. Andare al...

___ A fuori.
___ B carte.
___ C spaghettata.
___ D aperitivo.
___ E cinema.
___ F discoteca.

Una bella serata

Eine typische Art auszugehen, insbesondere von Mai bis Oktober, ist eine **Sagra** zu besuchen. Diese Dorffeste sind einer bestimmten kulinarischen Spezialität gewidmet und finden meistens im Freien statt. Alle helfen mit: Hausfrauen in der Küche, Männer am Grill, Senioren an der Kasse, während Kinder deftige Regionalgerichte servieren. Live-Musik und traditionelle Tänze, lustige Wettbewerbe und rekordverdächtige Portionen (z.B. 3.500 kg **Polenta**) machen die **bella stagione** noch schöner.

Le sagre

Worum geht es bei diesen Sagre? Verbinden Sie den Namen mit dem richtigen Foto.

A Sagra della cipolla
B Sagra della lumaca
C Sagra della castagna
D Sagra della ciliegia

KULTUR & REISEN

Che si fa stasera?

L'arte del flirt

> Was sagen Sie, wenn ...? Es sind jeweils zwei Antworten richtig.

1. ... Sie jemanden einfach ansprechen möchten?
   - A Scusa, sai l'ora?
   - B Scusa, hai un euro?
   - C Posso farti una domanda?

2. ... Sie ein Kompliment machen möchten?
   - A Sei proprio simpatico/a!
   - B Sei bellissimo/a!
   - C Sei ricchissimo/a!

3. ... Sie jemanden ausführen möchten?
   - A Andiamo alla stazione?
   - B Posso portarti a cena fuori?
   - C Sei libero/a stasera?

4. ... Sie einen Heiratsantrag machen möchten?
   - A Vuoi sposarmi?
   - B Vuoi essere mia moglie?
   - C Vuoi ascoltarmi?

Prenotare un tavolo

> Sie möchten einen Tisch für 8 Personen um 20 Uhr bestellen, am liebsten draußen auf einer schönen Veranda. Was sagen Sie? Ergänzen Sie den Dialog.

tavolo   persone   possibile

otto   prenotare   nome

ringrazio   sabato   fuori

- Ristorante Al Gufo Nero, buongiorno.
- Buongiorno, vorrei _____ un _____.
- Sì... per quando?
- Per _____ sera.
- Va bene, per quante _____?
- Per _____.
- Non c'è problema, e a che _____?
- Brambilla. Senta, è _____ avere un tavolo _____?
- Certamente.
- La _____.
- Grazie a Lei, arrivederci.

24 SPRACHE & MEHR

Usciamo!

```
        I S C O T E C A
      C N E M A
    I N   I T O
  C O N C   R T O
      G   U P P O
    F E S   A
        B   C I C L E T T A
A P P U N T A   E N T O
        C   N T R O
            O T T E
      T E A   R O
  S A B A T
```

Wonach suchen junge Leute, wenn sie ausgehen? Finden Sie es heraus, indem Sie die Wörter in den Zeilen ergänzen.

Lo Spritz

Der meistgetrunkene Cocktail Italiens ist auch in Deutschland kein Geheimtipp mehr. Aber können Sie auch folgende Aussagen ergänzen?

1. Der Name „Spritz" bedeutete ursprünglich:
   - A Vino con acqua frizzante
   - B Persona simpatica
   - C Piccolo bicchiere di vino

2. Die Zutaten von Aperol Spritz sind:
   - A Aperol, prosecco, acqua frizzante
   - B Vino rosso, Coca-cola, limone
   - C Vino rosé, Aperol, pomodoro

3. Die Farbe des Spritz' kann sein:
   - A Arancione, bianco, blu
   - B Giallo, grigio, viola
   - C Rosso, bianco, verde

4. Was kommt in den Spritz:
   - A Ghiaccio, un'oliva, arancia
   - B Ghiaccio, pesto, sale marino
   - C Ghiaccio, zucchero, mango

KNOBELN & RÄTSELN

La mamma è sempre la mamma!

L'italiana da Loren a Nannini

Dunkler Teint, temperamentvoll und extrem feminin: so sieht die **Italienerin** aus, die von Sofia **Loren** so meisterhaft verkörpert wurde. Doch Italien hat heutzutage einige Varianten seines Frauenbildes entdeckt. 2010 sorgte die bekennende bisexuelle Rocksängerin Gianna **Nannini** für Aufsehen, als sie mit Mitte Fünfzig schwanger wurde. Als aber die kleine **Penelope** geboren wurde, normalisierte sich alles und viele waren von den Liedern gerührt, die Gianna ihrer Kleinen gewidmet hatte.

I mammoni

Italiener sind Mamasöhnchen, das geben sie selbst zu. Die Statistiken bestätigen, dass über 40% der 18-34 Jährigen noch unter dem elterlichen Dach wohnen (Istat 2011). Die Gründe für dieses Phänomen liegen auch an der hohen Arbeitslosenquote und den üppigen Mieten. Die Hälfte der **„Mammoni"** würde sehr gerne ausziehen, wenn es ginge. Interessant ist allerdings, dass Geschiedene oft zu ihren **Eltern** zurückgehen. Nicht umsonst heißt der typische Schlussmachspruch: „Basta, torno da mia madre!"

La mamma è sempre la mamma!

Aziende famigliari

Die wichtigsten Marken in Italien sind Familienunternehmen. Was stellen sie her? Ergänzen Sie den Text mit den Wörtern.

1. Ermenegildo Zegna è una casa di _____ fondata nel 1910.
2. Il prodotto più tipico della Barilla è la _____.
3. Alessi è una delle marche di _____ più famose.
4. I _____ di Bulgari sono conosciuti in tutto il mondo.
5. "Fiat" significa "Fabbrica Italiana _____ Torino". Il suo fondatore è Giovanni Agnelli.

Automobili   moda   gioielli   pasta   design

Donne al potere

Kennen Sie Italiens mächtigste Frauen? Verbinden Sie!

1. Il primo ministro donna
2. La donna più ricca d'Italia (2012)
3. Il ministro donna più giovane
4. La ministra più "bella"
5. La donna più influente d'Italia (2011)
6. La ministra con l'incarico più lungo

___ A Tina Anselmi, ministro nel 1976
___ B Rosa Russo-Jervolino, 7 volte ministro
___ C Paola Severino, ministro della giustizia
___ D Marina Berlusconi, figlia dell'ex Premier
___ E Mara Carfagna, partecipante a Miss Italia
___ F Giorgia Meloni, ministro a 31 anni

Mit **il ministro, l'architetto, il giudice, l'ingegnere, il medico** können auf Italienisch auch Frauen gemeint sein. Seit Jahren debattieren Linguisten darüber, wie die weibliche Form aussehen könnte und stoßen auf Proteste: **architetta, ingegnera** hörten sich nicht seriös genug an! Gegenvorschläge wie **la ministro, la medico, il giudice donna** wirkten allerdings noch unbeholfener. Inzwischen überholt das tatsächliche Leben die Sprache und macht die Diskussion noch skurriler: 50% aller Medizinabsolventen sind weiblich. Na dann, Glückwunsch ähm… **dottoressa!**

MENSCH & NATUR

Nord e Sud

Nord- und Süditaliener sind mindestens so unterschiedlich wie Bayern und Ostfriesen. Ordnen Sie die folgenden Klischees zu.

Die Standardbeleidigung für Süditaliener lautet **Terrone** sprich „Landarbeiter", darauf antwortet der Süditaliener mit **Polentone** „Polentafresser". Ersteres ist 2005 sogar von einem Gericht als schadensersatzpflichtige Beleidigung anerkannt worden.

	NORD	SUD
1. Cena alle 10 di sera.	☐	☐
2. Non sa parlare l'italiano.	☐	☐
3. È una persona fredda.	☐	☐
4. È arrogante.	☐	☐
5. È pigro.	☐	☐
6. È più tedesco che italiano.	☐	☐
7. Lavora troppo.	☐	☐
8. Parla a voce alta.	☐	☐

La famiglia

Kennen Sie die Handlungen dieser Romane und Filme rund um die Familie? Ordnen Sie zu.

1. *Happy family*, di Gabriele Salvatores
2. *Il fu Mattia Pascal*, di Luigi Pirandello
3. *Il Gattopardo*, di Giuseppe Tomasi di Lampedusa
4. *La stanza del figlio*, di Nanni Moretti

___ **A** Storia della famiglia siciliana Salina e dell'Unificazione d'Italia.

___ **B** Il dolore di una famiglia per il figlio morto in un incidente.

___ **C** Un uomo lascia la sua famiglia e comincia una nuova vita sotto falso nome.

___ **D** Uno sceneggiatore in crisi incontra i personaggi della sua opera: due famiglie molto diverse.

KULTUR & REISEN   29

La mamma è sempre la mamma!

Il ragù alla bolognese

Für **Ragù** hat jede Mamma ihr eigenes Rezept. Hier ist das Original aus Bologna, wo es übrigens nie mit Spaghetti serviert werden würde! Fügen Sie die Zutaten ein.

carota   cipolla   carne   vino

pomodoro   pancetta   pepe

1. Tritate e fate rosolare una _____, una _____ e una costa di sedano.
2. Aggiungete la _____ a dadini e la _____ macinata. Cuocete il tutto per 20 minuti.
3. Mettete sale e _____ a piacere.
4. Aggiungete un bicchiere di _____ e 3 cucchiai di concentrato di _____ con brodo di carne. Cuocete per almeno 2 ore a fuoco lento.

Wenige Kilometer von Bologna, in der Romagna wird **Ragù** mit Hühnerleber zubereitet, in der Toskana kommen Knoblauch und Rosmarin als Duftnote hinzu, das **Ragù napoletano** hingegen besteht aus Fleischstücken und viel **Pummarola** (passierten Tomaten). Eins haben jedoch alle Varianten gemeinsam: je länger es kocht desto köstlicher wird es!

Modi di dire

Die Mamma hat einige Redewendungen inspiriert. Verstehen Sie deren Bedeutung? Kombinieren Sie!

1. Jeder ist in den Augen der eigenen Mutter schön!
2. (Er ist) splitternackt!
3. Die Mamma ist einzigartig!
4. Ach du meine Güte!

___ A Come mamma l'ha fatto!   ___ B Ogni scarrafone* è bello a mamma sua!

___ C Mamma mia!   ___ D Di mamma ce n'è una sola!

*Neapolitanisch für Scarafaggio (*Kakerlake*)

L'albero di Matilde

```
Irma          Giovanni        Salvatore        Marina
Cavazza ····· Bernardi        Bonacci ········ Neri
                    :                :
            ┌───────┴────┐    ┌──────┴──────┐
         Chiara      Antonio  Sabrina    Fabrizio
         Bernardi ·· Bonacci  Bonacci ·· Faletti
                :                   :
         ┌──────┴─────┐             │
      Matilde       Emma          Mirco
      Bonacci       Bonacci       Faletti
```

Die kleine Matilde soll bald ihre ganze Verwandtschaft kennen- und benennen lernen. Ergänzen Sie.

1. Come si chiama il padre di Matilde? _____.

2. Emma è la _____ di Matilde.

3. Le nonne di Matilde si chiamano _____ e _____.

4. Mirco è il _____ di Matilde.

5. Fabrizio è lo _____ di Matilde.

6. La _____ di Matilde è la _____ di Antonio.

7. Chi è figlio unico? _____ e _____.

Parenti

Verwandte lieben sich selbst in Italien nicht immer. Sprichwörter bringen die Sache auf den Punkt. Wie gehen Die Sätze weiter?

1. Parenti...
2. Natale con i tuoi...
3. Vale di più un amico...
4. I parenti sono come le scarpe...

___ A che 100 parenti.

___ B Pasqua con chi vuoi.

___ C più sono stretti e più fanno male.

___ D serpenti.

KNOBELN & RÄTSELN

Vieni via con me

Quiz Piemonte

Wie der Name schon verrät, liegt diese Region am „Fuße des Berges". Wie gut kennen Sie das Piemont?

1. Il Piemonte è al...% montagnoso.
   - A 99%
   - B 43%
   - C 10%

2. Il capoluogo di regione è
   - A Vercelli.
   - B Torino.
   - C Novara.

3. Quale lago si trova in parte in Piemonte?
   - A Il Lago di Garda
   - B Il Lago Trasimeno
   - C Il Lago Maggiore

4. In Piemonte c'è un'importante azienda:
   - A La Benetton
   - B La Fiat
   - C La Ferrari

5. Quale „First Lady" è nata qui?
   - A Michelle Obama
   - B Veronica Lario-Berlusconi
   - C Carla Bruni

6. Quale cioccolato è nato qui?
   - A La Nutella
   - B Il Bacio Perugina
   - C Il cioccolato Milka

Re d'Italia

Ab 1861 regierte die Savoy-Dynastie zum ersten Mal das vereinte Italien. Was war davor? Bringen Sie die Könige Italiens in die chronologische richtige Reihenfolge.

„Vieni via con me" sang erstmals 1981 der im Piemont geborene **Paolo Conte**, nachdem er seine Karriere als Rechtsanwalt für die Musik aufgegeben hatte. Zuvor war er als Urheber von **„Azzurro"** bekannt geworden. Doch dann eroberte sein ironisch-jazziger Stil auch das breite Publikum.

A Napoleone I

B Umberto I di Savoia

C Federico II di Svevia

D Vittorio Emanuele II di Savoia

E Federico I Barbarossa

F Carlo Magno

Richtige Reihenfolge: _____

Rivalità

- ☐ **1.** Si può vedere l'Ultima Cena di Leonardo da Vinci.
- ☐ **2.** Nel Duomo si può vedere la Sacra Sindone *(Grabtuch)*.
- ☐ **3.** Qui è nato il Caravaggio.
- ☐ **4.** È famoso il suo Teatro alla Scala.
- ☐ **5.** È stata capitale del Regno d'Italia.
- ☐ **6.** È famosa per il cioccolato.
- ☐ **7.** Ci si va per fare shopping.

> Wie häufig bei Nachbarn, besteht eine Rivalität zwischen den Großstädten Mailand und Turin. Welche der folgenden Aussagen gehören zu Mailand?

Numeri e città

> Viele Städte sind mit Zahlen verbunden. Setzen Sie die jeweils passende Zahl ein.

1. Mantova è quasi un'isola tra _____ laghi.

2. Un tempo era la città delle _____ torri. Ogni famiglia ricca ne aveva una.

3. Bergamo è chiamata città dei _____ perché molti bergamaschi erano nell'esercito di Garibaldi.

4. Monza è famosa per la formula _____ .

5. A Milano ci sono _____ vie molto famose per la moda: Via Montenapoleone, Via Manzoni, Via della Spiga, Corso Venezia.

uno   **tre**   quattro   **cento**   Mille

MENSCH & NATUR 33

Vieni via con me

Vitello tonnato

Dieses leckere **Antipasto** sollte am besten am Vortag zubereitet werden. Wie geht das? Bringen Sie die einzelnen Arbeitsschritte in die richtige Reihenfolge.

5 A Mettete la salsa sulle fette di carne e decorate con i capperi.

6 B Lasciate riposare per minimo un'ora e servite freddo.

3 C Quando la carne è fredda, tagliate delle fette sottili *(dünne Scheiben)*.

1 D Mettete 1 kg di carne di vitello *(Kalbfleisch)* con sedano, carote, cipolle, rosmarino e un bicchiere di vino bianco in una pentola. *Topf*

4 E Preparate la salsa con il frullatore *(Mixer):* 300 gr. di tonno, 3 uova sode *(hart gekochte Eier)*, 10 capperi, 6 acciughe, il succo di un limone e un po' di brodo di carne *(Brühe)*.

2 F Aggiungete olio d'oliva, acqua e sale e cuocete per un'ora e mezza.

Richtige Reihenfolge: D, F, C, E, A, B

Den Ursprung des **Vitello tonnato** beanspruchen einige Regionen für sich. Es gilt aber allgemein als typische Vorspeise aus dem Piemont und hat seine Ursprünge wohl in einem Kalbsgericht mit Soße aus dem 18. Jahrhundert.

Slow Food

Ende der 80er Jahre gründete **Carlo Petrini** eine Bewegung, die sich dem Fast Food entgegensetzt. Was ist richtig? Streichen Sie die falschen Wörter durch.

1. Slow Food è un'associazione per la promozione della cucina di **quantità/qualità**.
2. Lo slogan di Slow Food è "buono, pulito e **giusto/bello**".
3. Nel 2004 è nata la prima Università di scienze **astrologiche/gastronomiche**.
4. Slow Food si impegna per la biodiversità, cioè la varietà di **piatti/piante** e animali.
5. Molti ristoranti Slow Food offrono specialità locali di verdura a "chilometro **zero/vero**".

Mestieri

Wie nennt man die Berufe folgender Leute? Bringen Sie die Buchstaben in die richtige Reihenfolge.

1. Progetta case: chi-to-tett-ar _____
2. Cura i malati: di-co-me _____
3. Spegne il fuoco: pie-pom-re _____
4. Il capo della repubblica: si-pre-te-den _____
5. Fa la pizza: io-piz-lo-za _____
6. È il futuro re: ci-pe-prin _____
7. Insegna una materia: te-gnan-se-in _____
8. Ripara le auto: ni-ca-mec-co _____

Aromi

Finden Sie im Buchstabensalat die italienischen Namen der typisch italienischen Kräuter. Die übrigen Buchstaben ergeben zusammen die allgemeine italienische Bezeichnung für Kräuter.

(PREZZEMOLO) ER (TIMO) BE (SALVIA) ARO (BASILICO) MA (ROSMARINO) TI (ALLORO) CHE (ORIGANO)

→ erbe aromatiche

4 1. Basilikum _basilico_
1 2. Petersilie _prezzemolo_
5 3. Rosmarin _rosmarino_
6 4. Lorbeerblatt _alloro_
2 5. Thymian _timo_
3 6. Salbei _salvia_
7 7. Oregano _origano_

Richtige Reihenfolge: _____

KNOBELN & RÄTSELN 35

La via dell'amore

Che romantico!

In den **Cinque Terre** kann man Hand in Hand auf der „Straße der Liebe" flanieren. Im toskanischen Städtchen **Pienza** bietet sich hierzu hervorragend die **„Via del bacio"** an. Aber unabhängig von ihrer Bezeichnung bieten viele Orte in Italien die richtige Atmosphäre für Verliebte: Die einen pilgern nach **Verona** zu **Julias** Balkon, die anderen bevorzugen den abends beleuchteten Trevibrunnen. Viele aber ziehen einen anonymen Strand vor, um gemeinsam den Sonnenuntergang zu genießen.

Levante e ponente

Ligurien, ein schmaler mondsichelförmige Landstreifen, vereint mehrere Welten. Und hiermit sind nicht nur kristallklares Meer und steile Berge gemeint: die urige **Riviera di Levante** (der aufgehenden Sonne) mit ihren bunten Fischerdörfern wechselt nach Westen in die fleißige **Ponente** (der untergehenden Sonne), die wegen ihrer intensiven Blumenzucht auch **Riviera dei fiori** genannt wird. In der Mitte thront Genua „die **Prächtige**". Die einst gefürchtete Seemacht ist heute einer der modernsten Hafen Europas.

La via dell'amore

Le Repubbliche Marinare

1. Le Repubbliche Marinare erano molto potenti…
   - ☐ A nel Medioevo.
   - ☐ B nel XX secolo.
   - ☐ C nel XVIII secolo.

2. Le più famose erano Venezia, Genova, Amalfi e…
   - ☐ A Pisa.
   - ☐ B Milano.
   - ☐ C Perugia.

> **Genova** (Genua) hat, wie viele Hafenstädte auch, eine glorreiche Vergangenheit als Seemacht. Wissen Sie noch mehr darüber?

3. Ogni Repubblica Marinara aveva la propria (eigene)…
   - ☐ A università.
   - ☐ B astronomia.
   - ☐ C moneta.

4. Le Repubbliche Marinare organizzavano…
   - ☐ A le crociere.
   - ☐ B le Crociate.
   - ☐ C le crocifissioni.

5. Come „polizia del mare" combattevano contro…
   - ☐ A i pirati.
   - ☐ B le balene.
   - ☐ C i turisti.

6. Le Repubbliche Marinare importavano in Europa…
   - ☐ A uova e pesce.
   - ☐ B papiro e pergamena.
   - ☐ C spezie e stoffe.

Cristoforo Colombo

> Der Entdecker Amerikas ist wohl der berühmteste Genuese der Welt. Bringen Sie folgende Informationen über sein Leben zusammen.

1. Cristoforo Colombo…
2. Ha capito che…
3. Ha scoperto…
4. Voleva andare…
5. Per molti Colombo…

___ A in India.
___ B l'America nel 1492.
___ C la terra è rotonda.
___ D è spagnolo o portoghese.
___ E era un navigatore genovese.

An der ligurischen Riviera liegen bildschöne, malerische Fischerdörfer. Eine alte Eisenbahn durchquert sie und ist deshalb auch die beste Art, dieses kleine Stückchen Italiens zu erkunden. Ergänzen Sie.

In treno alle Cinque Terre

Die **Cinque Terre**, **Portovenere** und das winzige unbewohnte Archipel **Spezzino** teilen sich einen Platz im Weltkulturerbe. Darüber hinaus bietet die **Riviera Levante** aber noch weitere malerische Kleinhäfen mit ihren typischen bunten Häusern, z.B. in **Camogli** oder im noblen **Portofino**, wo selbst die VIPs für ein romantisches Essen ihre Jacht kurz verlassen.

1. Le Cinque Terre sono 5 paesini in Liguria: Rio Maggiore, Vernazza, Monterosso, _____ e _____.

2. Questi pittoreschi paesini sono patrimonio mondiale dell'_____.

3. Il treno La Spezia - Genova offre una magnifica vista sul _____.

4. Ogni paesino ha la sua piccola _____.

5. La linea ferroviaria è nata nel XIX _____.

6. Il treno attraversa molte montagne con 32 _____.

Manarola   UNESCO   stazione   Corniglia   secolo   mare   gallerie

Welche Fortbewegungsart wählen Sie, wenn es mal schneller gehen muss? Sortieren Sie diese Verkehrsmittel nach ihrer Geschwindigkeit

Velocità

A Motorino   B Treno   C Aereo

D Bicicletta   E Auto   F Asino

Von langsam bis schnell: _____

KULTUR & REISEN 39

La via dell'amore

Il pesto alla genovese

basilico   pinoli   pecorino

parmigiano   aglio   olio

Pesto kann man zwar bereits fertig im Glas kaufen, man kann es aber auch ganz traditionell selbst machen. Ergänzen Sie das Rezept.

1. Pestate in un mortaio (*Mörser*) 2 spicchi (*Zehen*) d'_____ con 50 grammi di foglie di _____ e mezzo bicchiere di _____ d'oliva extravergine.

2. Dopo diversi minuti aggiungete un cucchiaio di _____ e sale grosso. **3.** Poi il formaggio un po' alla volta (*nach und nach*): 3 cucchiai di _____ e 3 di _____.

E poi pestate, pestate con tanta pazienza (*Geduld*)!

Pesto wird meistens mit **Linguine** (auch **Trenette** genannt) kombiniert. Wer aber in Genua ein Pestogericht bestellt, kann eine interessante Überraschung erleben: statt **Linguine** werden hier **Trofie** serviert, kleine hausgemachte Schupfnudeln, mit **Pesto**, zu denen Kartoffeln und grüne Bohnen sowie Butter hinzugegeben wurden. Das Resultat ist milder als der Klassiker, aber mindestens genauso lecker!

Mi piaci!

Die Liebe und das Kochen gehören irgendwie zusammen. Welche dieser Ausdrücke passt aber **nicht** zu einer kulinarischen Vorliebe?

☐ **1.** Mi piace un sacco!

☐ **2.** La amo!

☐ **3.** Lo adoro!

☐ **4.** Gli voglio tanto bene!

In Verona steht das angebliche Elternhaus von Julia **la casa di Giulietta** und zieht unzählige Touristen und Verliebte an. Dabei ist der berühmte Balkon erst nachträglich für die Touristen im 20. Jahrhundert angebaut worden und Julia hat wohl auch nie hier gelebt.

Coppie famose

Diese Menschen haben sich sehr geliebt. Bringen Sie die Paare wieder zusammen. Die Buchstaben ergeben eine klassische Liebesbekundung.

	Francesca	Dacia Maraini	Cleopatra	Giulietta	Anita
Antonio	A	F	B	T	F
Romeo	G	M	B	A	M
Paolo	C	T	Z	E	T
Garibaldi	G	M	B	G	I
Alberto Moravia	C	O	H	L	N

Latin Lover

Welche dieser Aussagen sind wahr und welche falsch?

	VERO	FALSO
1. Gli italiani sono gli amanti migliori del mondo.	☐	☐
2. L'Italia è all'ultimo posto in Europa per numero di divorzi.	☐	☐
3. Il matrimonio tra persone dello stesso sesso in Italia è vietato.	☐	☐
4. La maggioranza dei matrimoni sono religiosi.	☐	☐
5. Il divorzio in Italia è legale dal 1970.	☐	☐

KNOBELN & RÄTSELN

Canta che ti passa

Cantanti

Kennen Sie diese beliebten Musiker? Verbinden Sie die Namen mit den Beschreibungen.

1. Gianna Nannini
2. Laura Pausini
3. Paolo Conte
4. Vinicio Capossela
5. Adriano Celentano

___ A Con la canzone *La solitudine* è diventata famosa in tutta Europa in poco tempo.

___ B Cantante, attore, regista "cult" degli anni '60, '70 e '80.

___ C Ha cominciato la sua carriera come avvocato poi ha scelto il jazz.

___ D Nato ad Hannover da genitori italiani, è famoso per il suo stile eccentrico.

___ E Cantante rock diventata famosa negli anni '80.

Canta che ti passa, also „sing, dann geht's vorbei", hat der Legende nach ein Soldat während des ersten Weltkrieges in die Wand des Schützengrabens eingeritzt. Seitdem ist diese Redewendung in den allgemeinen Sprachgebrauch gewandert – als Aufforderung, seine Sorgen zu vergessen und sich den schönen Dingen zu widmen. Einige der unzähligen Singwettbewerbe, die jährlich neue Talente entdecken, heißen ebenfalls so.

Il Festival di Sanremo

An der Blumenriviera wird seit 60 Jahren die beste „canzone italiana" des Jahres ausgezeichnet. Finden Sie den Eindringling in den Wortgruppen.

- ☐ A Cantante
- ☐ B Interprete
- ☐ C Regista

- ☐ A Pubblico
- ☐ B Pubblicità
- ☐ C Applauso

- ☐ A Premio
- ☐ B Prezzo
- ☐ C Giuria

- ☐ A Camera
- ☐ B Microfono
- ☐ C Telecamera

Finden Sie die richtigen Definitionen, es können mehrere richtig sein.

Generi musicali e balli tipici

1. Il liscio
   - A è un ballo di coppia.
   - B è tipico del Norditalia.
   - C ha avuto il suo momento d'oro negli anni '90.

2. La Pizzicata
   - A è una danza popolare ballata nel Suditalia.
   - B è accompagnata dal pianoforte.
   - C era la "terapia" contro i morsi (*Bisse*) della tarantola.

3. La canzone napoletana
   - A ha origine nel XIII secolo.
   - B è oggi ancora molto viva.
   - C non ha il tamburo come strumento tipico.

Kennen Sie sich in der Welt der italienischen Oper aus? Verbinden Sie die Namen der Opern mit ihrer kurzen Inhaltsbeschreibung.

Classici

Als **Giuseppe Verdi** den Höhenpunkt seiner Karriere erreichte, befand sich Italien mitten im Kampf um die Unabhängigkeit von Österreich. Zu dieser Zeit schrieben viele Menschen **VIVA VERDI** an Hauswände oder Ähnliches. Hinter dem Namen versteckte sich allerdings eine patriotische Botschaft: **Viva Vittorio Emanuele Re D'Italia.**

1. *Madama Butterfly* (Puccini)
2. *Il Barbiere di Siviglia* (Rossini)
3. *La Traviata* (Verdi)
4. *Aida* (Verdi)

___ A Storia di una cortigiana a Parigi nel 1850.

___ B Un ufficiale americano in Giappone sposa una geisha di 15 anni.

___ C Storia dell'amore impossibile tra la principessa d'Etiopia e del soldato Radamès.

___ D Storia d'amore a lieto fine con molti momenti comici.

KULTUR & REISEN

Canta che ti passa

Biglietti

Theaterkarten sind nicht gleich Theaterkarten. Vervollständigen Sie den Dialog.

— Buongiorno, vorrei 2 biglietti per l'_____(1).

+ In che settore? Platea, palco o _____(2)?

— Non so. Come sono i _____(3)?

+ Platea da 90 a 140 Euro, palco 75-100 Euro e galleria 50-80 euro.

— Quindi il posto più _____(4) è in galleria?

+ Esattamente e quello più caro in platea e cioè in prima _____(5).

— Va _____(6), allora due biglietti per un palco.

+ Ecco a Lei. Sono 170 Euro.

— Prego. A che _____(7) inizia lo spettacolo?

+ Alle 19.00.

— _____(8). Arrivederci.

+ A Lei. _____(9).

bene	prezzi
Aida	galleria
ora	ArrivederLa
Grazie	fila	economico

Secondo me...

Reden Sie mit und drücken Sie Ihre Vorlieben aus. Kreuzen Sie die richtige Antwort an.

1. Questa canzone è...
   - □ A buonissima.
   - □ B bellissima.
   - □ C freddissima.

2. L'ultimo CD di Vasco Rossi è...
   - □ A buono.
   - □ B emozionante.
   - □ C largo.

3. Il Jazz...
   - □ A non fa per me.
   - □ B non funziona per me.
   - □ C non è niente per me.

Strumenti musicali

Finden Sie die Namen der Musikinstrumente in der Buchstabenkette. Die übrigbleibenden Buchstaben ergeben den Namen eines Instruments der Volksmusik, das übersetzt soviel bedeutet wie „Gedankenvertreiber".

SCACHITARRACCIVIOLINOAPIANOFORTEPBATTERIAENFLAUTOSIERBASSOICONTRABBASSO

1. Violine _____
2. Flöte _____
3. Gitarre _____
4. Kontrabass _____
5. Schlagzeug _____
6. Bassgitarre _____
7. Klavier _____

Lösungswort: _____

Modi di dire

Können Sie folgende Redewendungen zum Thema Musik zusammenbringen?

1. È tutta un'…
2. Carta…
3. Questa è musica…
4. È il tono che…
5. Essere stonato…

___ A fa la musica!
___ B canta!
___ C come una campana!
___ D altra musica!
___ E per le mie orecchie!

KNOBELN & RÄTSELN　45

Sempre caro mi fu…

La nuova Toscana

„Vergessen Sie die Toskana!", wirbt ein Werbeprospekt für die Region **Marche,** die als Urlaubsziel immer beliebter wird. Verschont vom Massentourismus, vielfältig in ihrer Landschaft und mit kleinen Kulturhighlights ziehen die Marken immer mehr Besucher an, die vor allem das versteckte Italien entdecken möchten. Ihre Ziele sind unter anderem die historische Stadt **Urbino,** der Naturpark des **Conero** und die Höhlen von **Frasassi.** Zum Entdecken gibt es aber natürlich noch viel mehr. Na dann, **Buon Viaggio!**

Vai col liscio!

An der Adriaküste, der Partymeile schlechthin, entstand im 19. Jahrhundert ein Gesellschaftstanz, der wegen seiner gleitenden Bewegungen der Füße **„liscio"** (*glatt*) genannt wurde. Die Musik war schnell und von Klarinette oder Akkordeon dominiert. Der **Liscio** hatte seinen Höhepunkt in den 60er Jahren, als der Schlager **„Romagna mia"** Weltruhm erlangte. Die Jugend traf sich in den sogenannten **„Balere"**, den Vorläufern der Diskotheken, welche übrigens ebenfalls an der Riviera Romagnola erstmals auftraten.

Sempre caro mi fu…

Emilia-Romagna e Marche

Was haben diese Regionen gemeinsam? Finden Sie aus den vorgegebenen Begriffen jeweils einen passenden Oberbegriff zu den beiden Sätzen.

1. Marchi di moda   2. Scrittori   3. Vini   4. Città   5. Musicisti

___ **A** Giuseppe Verdi, (nato in Emilia Romagna) ha composto l'Aida e altre opere famosissime. Gioacchino Rossini (nato a Pesaro nel 1792), autore del Barbiere di Siviglia, era geniale ma molto pigro.

___ **B** Bologna, la città "delle cento torri", ha circa 400.000 abitanti. Ascoli Piceno ha circa 50.000 abitanti.

___ **C** Pierpaolo Pasolini, nativo di Bologna, ha scritto anche in romanesco e friulano. Giacomo Leopardi (nato nel 1798 a Recanati) è famoso per le sue poesie.

___ **D** Giorgio Armani è nato a Piacenza, ma vive a Milano. La Tod's è un'azienda marchigiana fondata dalla famiglia Della Valle.

___ **E** Il Sangiovese di Romagna si combina bene con le carni rosse.
Il Verdicchio dei Castelli di Jesi si combina con i piatti di pesce.

Giacomo Leopardi ist der romantischste aller Dichter. Nicht nur weil er in der großen Zeit der Romantik (19. JH) lebte, sondern auch wegen seiner meditativen **Poesie**, welche Millionen Schüler durch die schwierigsten Momente der Pubertät begleitet hat. Auswendig kennt jeder Italiener mindestens die Zeile „Sempre caro mi fu quest'ermo colle" (*Lieb war mir stets dieser verlassene Hügel*) – eine Hommage an die Landschaft der Marken.

Motori

Emiliano-romagnoli fahren gerne schnell. In dieser Region sitzen aber auch viele namhafte Auto- und Motorradhersteller. Bringen Sie die Silben in die richtige Reihenfolge.

Automobili: ri-ra-Fer, bor-Lam-ni-ghi, se-Ma-ti-ra:

_____   _____   _____

Motociclette: ca-Du-ti, gu-ti-la-Ma, ri-Mo-ni:

_____   _____   _____

MENSCH & NATUR

Die Pädagogik von Maria Montessori wird weltweit gelehrt und praktiziert. Konjugieren Sie die Verben in ihrer Kurzbiographie im Präsens.

1. 1870 Maria Montessori (nascere) _____ a Chiaravalle, vicino ad Ancona.
2. (Studiare) _____ prima biologia, poi medicina e pediatria e infine filosofia.
3. Nel 1900 (lavorare) _____ come assistente in una clinica psichiatrica e cura bambini cosiddetti "anormali".
4. Nel 1907 (aprire) _____ la prima "casa dei bambini" nel quartiere povero di Roma "San Lorenzo".
5. Nel 1908 (pubblicare) _____ "Il metodo della pedagogia scientifica".
6. (Morire) _____ nel 1952 a Noordwijk, in Olanda.
7. Il suo metodo antiautoritario (diventare) _____ presto famoso in tutto il mondo.

Maria Montessori

Möchten Sie herausfinden, ob jemand aus der Emilia-Romagna kommt? Dann fordern Sie ihn auf, **pizza** zu sagen. Ein waschechter Bologneser wird „pissa" sagen und dabei etwas lispeln. Ein „s" dagegen wird er als „sch" aussprechen, was den Städtenamen **Sassuolo** extrem lustig klingen lässt. Das sind keine Sprachfehler sondern sympathische und unverwechselbare Dialekteinfärbungen.

Sistema scolastico

Das italienische Bildungssystem ist etwas anders als das Deutsche. Welche Definition gehört zu welcher Schulart? Ordnen Sie zu!

1. Per i più piccoli da 0 a 3 anni
2. Dai tre anni e prima della scuola
3. La prima scuola
4. Dagli 11 ai 14 anni
5. Finisce a 19 anni
6. Finisce con la laurea

___ A Scuola media
___ B Asilo nido
___ C Scuola elementare
___ D Università
___ E Scuola materna
___ F Scuola superiore

Sempre caro mi fu…

Parmigiano & Co.

Welche Lebensmittel gehören nicht zur **Emilia-Romagna** oder **Marche**? Finden Sie drei Eindringlinge.

☐ **1.** Pesto alla genovese ☐ **2.** Cacciucco alla livornese ☐ **3.** Aceto Balsamico di Modena

☐ **4.** Olive all'ascolana ☐ **5.** Risotto alla milanese

☐ **6.** Prosciutto crudo di Parma ☐ **7.** Ragù alla bolognese ☐ **8.** Parmigiano Reggiano

Ricette tipiche

Die Küche der Emilia Romagna kam bereits in den Sechzigerjahren nach Deutschland. Seitdem sind viele Abwandlungen entstanden. Kennen Sie die Originalgerichte? Setzen Sie die fehlenden Wörter ein.

parmigiana   ricotta e spinaci   ragù   forno

melone   prosciutto   brodo

Antipasti

1. Prosciutto e _____
2. Piadina al _____ crudo
3. Melanzane alla _____

Primi

4. Tortellini in _____
5. Lasagne al _____
6. Tortelloni _____
7. Tagliatelle al _____

KULTUR & REISEN

Man kann jedes Jahr oder auch nur einmal im Leben feiern.
Um welche Anlässe handelt es sich bei diesen Wortgruppen?

Feste

1. _____
Torta
Candeline
Regali

2. _____
Chiesa
Sposi
Confetti

3. _____
Fuochi d'artificio
Mezzanotte
Spumante

4. _____
Panettone
Albero
Regali

Natale   Capodanno

Compleanno   Matrimonio

Achtung Falscher Freund! **Confetti** ist süßer Mandelkonfekt, der gerne zur Hochzeit oder zur Taufe den Gästen geschenkt wird. Die kleinen Papierfetzen, die man in die Luft wirft, heißen **Coriandoli,** weil es ursprünglich Koriandersamen waren.

Cosa si dice?

Was sagen Sie bei diesen Anlässen?

1. Wenn jemand Geburtstag hat:
- A Congratulazioni!
- B Buon compleanno!
- C Tutto bene per il compleanno!

2. Wenn jemand eine Prüfung hat:
- A Buona fortuna!
- B Auguri!
- C In bocca al lupo!

3. Zum Anstoßen:
- A Salve!
- B Via!
- C Cin Cin!

4. Wenn jemand Nachwuchs bekommen hat:
- A Felicitazioni!
- B Buona fortuna!
- C Molto bene!

SPRACHE & MEHR

Non solo pizza!

Menù

An Heiligabend wird in manchen Regionen Italiens kein Fleisch gegessen, als abgeschwächte Version des katholischen Weihnachtsfastens. Man kocht heute aber an **Vigilia** (wörtlich „Vortag") zwar Fisch oder Gemüse, jedoch sehr feierlich und ohne Spur von Verzicht. Am 25, dem **giorno di Natale**, steht üppigen hausgemachten Fleischgerichten aller Arten nichts mehr im Wege.

Eine üppige Mahlzeit wie auf Hochzeiten oder an Weihnachten kann bis zu 10 Gänge enthalten. Ordnen Sie die Gerichte dem richtigen Gang zu.

1. Antipasti
2. Primi
3. Secondi
4. Contorni
5. Dolci

___ A Spaghetti al pomodoro
___ B Braciola di maiale ai ferri
___ C Torta della nonna
___ D Affettati misti
___ E Patate al forno

Abitudini italiane a tavola

Kennen Sie sich aus mit den italienischen Gepflogenheiten rund ums Essen? Was ist richtig und was ist falsch?

	VERO	FALSO
1. Si fa sempre una colazione abbondante.	☐	☐
2. Al ristorante c'è sempre un po' di pane sul tavolo.	☐	☐
3. Non è obbligatorio dare la mancia al cameriere.	☐	☐
4. L'insalata è un tipico antipasto.	☐	☐
5. Gli italiani bevono il cappuccino dopo pranzo.	☐	☐
6. Al bar gli italiani spesso bevono il caffè in piedi.	☐	☐

Aus welcher Region kommen diese Gerichte? Verbinden Sie.

Piatti regionali

1. Bucatini all'amatriciana ___ **A** Lazio
2. Fegato alla veneziana ___ **B** Lombardia
3. Couscous di pesce ___ **C** Sardegna
4. Gnocchi alla sorrentina ___ **D** Campania
5. Malloreddus ___ **E** Veneto
6. Cotoletta alla milanese ___ **F** Sicilia

Wenn Sie auf einem traditionellen Markt einkaufen, kann es sein, dass Sie frische Kräuter auf der Ablage vermissen. Diese werden unter der Theke aufbewahrt und hervorgezaubert, wenn man nach **odori** wörtlich „*Gerüchen*" fragt. Sie kommen dann in die Einkaufstüte und kosten nichts.

Pasta ist nicht gleich Pasta. Ordnen Sie den Nudelsorten die passenden Bilder zu.

Formati di pasta

A Cannelloni   **B** Tagliatelle   **C** Penne   **D** Ravioli

KULTUR & REISEN

Non solo pizza!

Cosa si dice?

Was sagen Sie, wenn Sie eine Speise bewerten möchten? Sortieren Sie die Sätze jeweils nach Intensität – vom schwächsten zum stärksten Kommentar.

1. La zuppa è...
   ___ A fredda.
   ___ B troppo calda.
   ___ C tiepida.

2. L'insalata è...
   ___ A un po' salata.
   ___ B salatissima.
   ___ C insipida.

3. La pizza è...
   ___ A bruciata.
   ___ B cruda.
   ___ C ben cotta.

4. La torta è...
   ___ A buona.
   ___ B ottima.
   ___ C discreta.

5. La pasta è...
   ___ A al dente.
   ___ B cruda.
   ___ C stracotta.

6. Il filetto di manzo è...
   ___ A al sangue.
   ___ B ben cotto.
   ___ C medio.

Wussten Sie, dass die berühmteste aller Pizzen nicht nach einer Blume benannt ist, sondern im 19. Jahrhundert der Königin **Margherita di Savoia** vom Bäcker **Raffaele Esposito** gewidmet wurde, weil darauf die Nationalfarben zu sehen waren (Tomate, Mozzarella, Basilikum)?

Pasti tipo

In manchen vornehmen Hotels serviert man um die Mittagszeit **colazione**. Das liegt daran, dass das Wort ursprünglich „*Mittagessen*" bedeutete. Das Frühstück heißt dann **prima colazione**.

Dass das Frühstück in Italien nicht gerade üppig ist, wissen Sie sicher schon. Wie geht es weiter? Kombinieren Sie.

8:00	1. Pranzo		___	A Caffè e tramezzino al bar
10:30	2. Aperitivo		___	B Pane e marmellata
13:00	3. Cena		___	C Penne alla Norma, insalata, caffè
16:00	4. Merenda		___	D Caffelatte con biscotti
19:00	5. Spuntino della mattina		___	E Cotoletta, patatine, pane
20:00	6. Colazione		___	F Negroni

SPRACHE & MEHR

Puttanesca

Die Fotos zeigen die Zutaten eines schnellen Spaghetti-Rezeptes, über dessen Bezeichnung **alla puttanesca** *(auf Hurenart)* etliche Legenden kursieren. Setzen Sie die Zutaten in das Kreuzworträtsel ein.

Con le mani

Was darf man mit den Händen Essen? Streichen Sie die Lebensmittel durch, für die diese Ausnahme zutrifft. Übrig bleibt ein italienisches Sprichwort über das Essen.

PIZZACHIPOLLOMANCARCIOFIGIAFRUTTADACONOGELATOSOLORANE
FRITTESICOZZESTROZGAMBERONIZACRUDITÉTARTINE

Lösung: _____

KNOBELN & RÄTSELN 55

Nel mezzo del cammin…

Il sommo poeta: Dante Alighieri

Die italienische Sprache ist schön. Das fand im 13. Jahrhundert auch der **florentinische** Schriftsteller Dante Alighieri. Deshalb entschied er, in der Sprache, die damals noch **„Volgare"** genannt wurde, weil vom „Volgo" dem einfachen Volk gesprochen, ein hochliterarisches Werk zu verfassen. Die **„Divina Commedia"**, die imaginäre Reise im Jenseits, wurde sofort zu einem Riesenerfolg. Gleichzeitig war es auch die Geburtsstunde der italienischen Sprache und „Divina Commedia" bleibt bis heute eins der schönsten Werke der **Weltliteratur.**

Parla coi lupi: Francesco d'Assisi

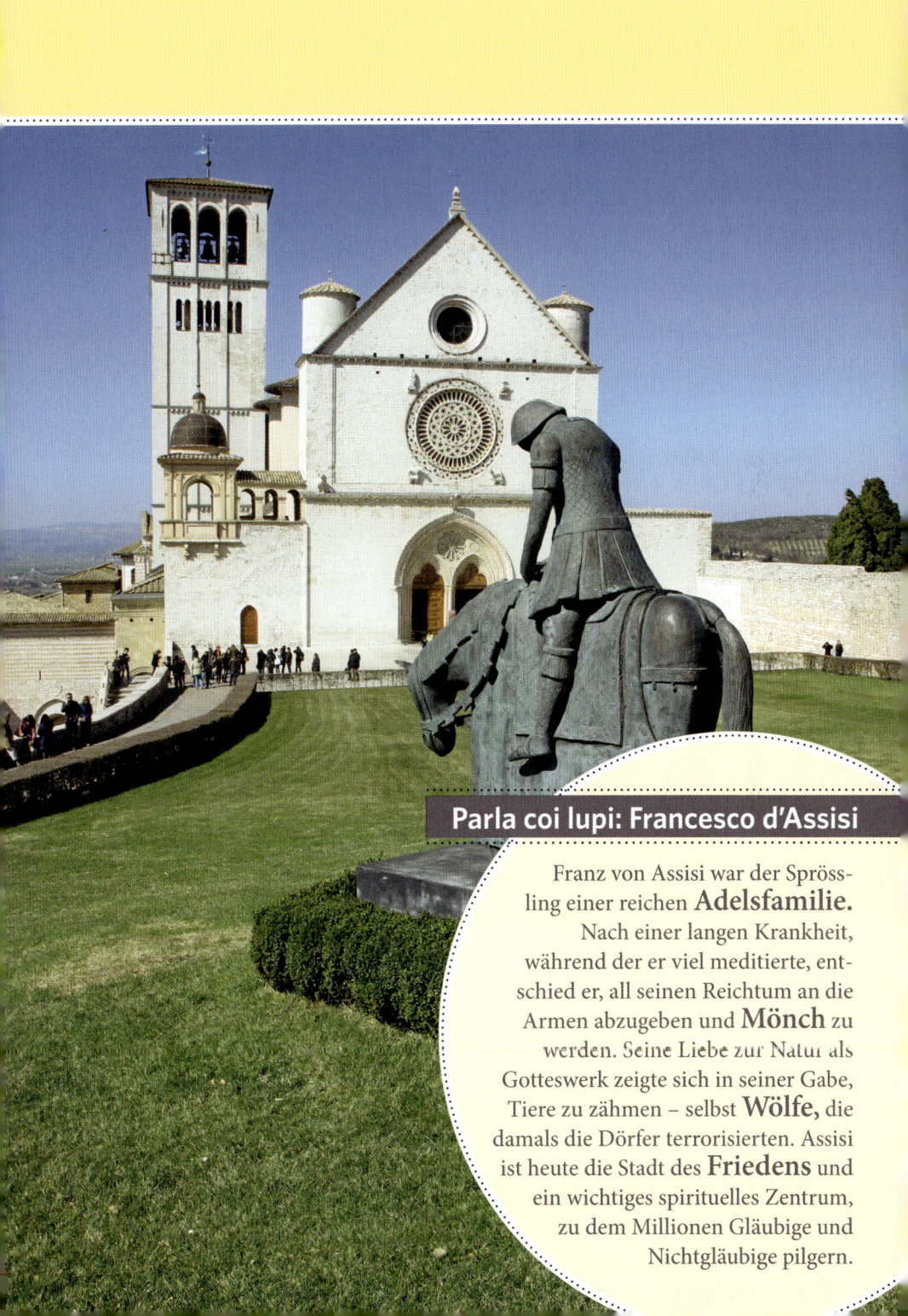

Franz von Assisi war der Sprössling einer reichen **Adelsfamilie.** Nach einer langen Krankheit, während der er viel meditierte, entschied er, all seinen Reichtum an die Armen abzugeben und **Mönch** zu werden. Seine Liebe zur Natur als Gotteswerk zeigte sich in seiner Gabe, Tiere zu zähmen – selbst **Wölfe,** die damals die Dörfer terrorisierten. Assisi ist heute die Stadt des **Friedens** und ein wichtiges spirituelles Zentrum, zu dem Millionen Gläubige und Nichtgläubige pilgern.

Nel mezzo del cammin…

Quiz Toscana

Was kann man an diesen toskanischen Orten machen? Ordnen Sie die Beschreibungen der richtigen Stadt zu.

1. A Pisa si può…
2. A Firenze si può…
3. All'Isola d'Elba si può…
4. A Siena si può…
5. A Lucca si può…

___ **A** vedere il David di Michelangelo e visitare il museo degli Uffizi.

___ **B** prendere un caffè in piazza dell'Anfiteatro e visitare la casa di Puccini.

___ **C** vedere il Palio e passeggiare sulle colline.

___ **D** fare il bagno e visitare la casa di Napoleone.

___ **E** salire sulla torre pendente e raggiungere il mare in 20 minuti.

Die Familie Medici ist mit der Toskana eng verbunden. Diese reichen Textilhersteller wurden mit **Lorenzo I**, genannt **il Magnifico** der „*Prächtige*", 1496 inoffizieller Herrscher in Florenz. Sie galten als großzügige Mäzene der Künste und förderten Künstler wie **Michelangelo, Botticelli, Leonardo da Vinci**.

Gli Etruschi

	VERO	FALSO
1. Erano sempre eleganti.	☐	☐
2. Mangiavano con la forchetta.	☐	☐
3. Portavano scarpe e sandali.	☐	☐
4. Le donne non potevano lavorare.	☐	☐
5. I dentisti facevano le protesi.	☐	☐
6. Amavano gli sport come la boxe.	☐	☐
7. Erano atei.	☐	☐

In der Toskana lebte vor 2000 Jahren mit den Etruskern ein sehr fortschrittliches Volk, das eine Hassliebe zu Rom pflegte. Welche Aussagen über die Etrusker stimmen?

MENSCH & NATUR

Letteratura italiana

Hier ist eine kleine Auswahl an literarischen Schätzen aus Italien. Wovon handeln Sie? Verbinden Sie.

1. Dante – *Divina Commedia*
2. Petrarca – *Canzoniere*
3. Boccaccio – *Decameron*
4. Eco – *Il nome della rosa*
5. Tabucchi – *Sostiene Pereira*
6. Oriana Fallaci – *Lettera ad un bambino mai nato*
7. Alessandro Manzoni – *I Promessi Sposi*

A Due innamorati vogliono sposarsi.
B Giallo medievale
C 100 storie in 10 giorni su Firenze
D Viaggio nell'aldilà
E Poesie per Laura
F Un giornalista e la dittatura salazarista in Portogallo
G Una donna incinta scrive a suo figlio.

Die italienische Nationalsprache hat dem Florentinischen viel zu verdanken. Doch manches klingt in Florenz gar nicht so italienisch. Hier sagt man nämlich „hasa" statt **casa**, wer in der Bar „duhaffè" ruft, möchte 2 **espressi** bestellen. Und raten Sie mal welches Getränk sich hinter „hohahola" verbirgt!

Vini tipici

Machen Sie mit bei dieser imaginären **degustazione** *(Weinprobe)*. Welcher Wein kommt nicht aus der Toskana?

☐ 1. Barolo
☐ 2. Prosecco
☐ 3. Chianti
☐ 4. Vino nobile di Montepulciano
☐ 5. Brunello di Montalcino
☐ 6. Sangiovese

Chianti, der populärste toskanische Wein, wurde bereits im 13. Jahrhundert produziert, getrunken und sogar im Decameron besungen. **Giovanni Boccaccio,** der Autor dieser anzüglichen Erzählungen, die damals für einen Skandal sorgten, erwähnt sogar den **fiasco,** den Behälter aus mundgeblasenem Glas mit der typischen Strohummantelung.

KULTUR & REISEN

Nel mezzo del cammin…

Feste toscane

So feiern die Toskaner. Ergänzen Sie die Beschreibung dieser drei Volksfeste.

Arno   lanterne
primavera   bambini
Pisa   palio   turisti

1. La Rificolona è una festa fiorentina che si celebra il 7 settembre con _____ di carta. La sera, nel fiume _____ passano barche illuminate.

2. La festa del grillo è una festa di _____. Si festeggia al Parco delle Cascine. Qui i genitori regalano ai _____ un grillo in una piccola gabbia.

3. In Toscana ci sono diversi tornei tra i quartieri di diverse città: il _____ di Siena o la giostra del Saracino a _____. Lo spettacolo con cavalli e costumi medievali attira molti _____.

Bella Toscana

Wer kennt diese bezaubernden Bilder der Toskana nicht? Verbinden Sie sie mit den jeweils passenden Beschreibungen.

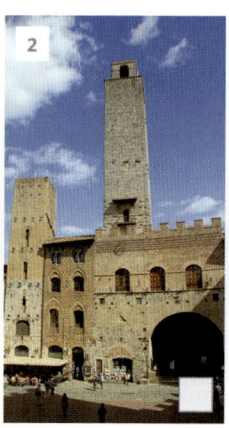

A I "butteri" della Maremma
B I cipressi toscani
C Il centro storico di San Gimignano
D Gli uliveti vicino a Pistoia

KULTUR & REISEN

Leggere è bello

Streichen Sie alle Wörter durch, die mit Lesen zu tun haben. Die übrigen Buchstaben ergeben die italienische Bezeichnung des Bücherwurms.

Lösung: TOPO DI BIBLIOTECA

LIBROTOBIBLIOTECAOCCHIALIPOROMANZODIAUTOREBILAMPADABLIPOETAOTPAGINAELIBRERIACAPOLTRONA

Leseratten sind in Italien eher die Ausnahme. 2011 gaben nur 33% an, im letzten Quartal mindestens ein Buch gekauft zu haben. Von Lesen war noch gar nicht die Rede! Fernsehen und Internet sind dagegen richtige Massenphänomene.

Tempo libero

Was machen Leute, die nicht so gerne lesen? Bringen Sie die Silben in die richtige Reihenfolge.

1. re-da-Guar la TV — Guardare la TV
2. col-As-re-ta la si-mu-ca — Ascoltare la musica
3. re-da-An al ne-ma-ci — Andare al cinema
4. sci-U-re con gli mi-ci-a — Uscire con gli amici
5. re-ca-Gio a chi-scac — Giocare a scacchi
6. Non re-fa te-nien — Non fare niente
7. re-Fa le li-zie-pu di sa-ca — Fare le pulizie di casa
8. ci-na-Cu-re una cia-spe-li-tà — Cucinare una specialità

KNOBELN & RÄTSELN

Il cuore verde

Quiz Umbria

Kennen Sie das grüne Herz Italiens?

Als eine der wenigen Regionen ohne Meerzugang ist Umbrien für seine hügelige, an die Toskana erinnernde Landschaft und seine Wälder bekannt, die der Region den Titel **cuore verde**, *grünes Herz Italiens*, einbrachte.

1. Quale città non è in Umbria?
   - ☐ A Perugia
   - ☐ B Siena
   - ☐ C Todi

2. Quale di queste è una specialità umbra?
   - ☐ A Olive nere
   - ☐ B Vongole veraci
   - ☐ C Tartufo

3. Quale fiume attraversa l'Umbria?
   - ☐ A Tevere
   - ☐ B Po
   - ☐ C Adige

4. Quale mare ha l'Umbria?
   - ☐ A Mar Adriatico
   - ☐ B Mar Tirreno
   - ☐ C Nessuno

Curiosità

Setzen Sie die Überschriften an die richtige Stelle ein.

- A Il più piccolo teatro del mondo
- B Un albero di Natale gigantesco
- C Le cascate più alte
- D La padellata
- E L'eco più lunga

1. _____
   In Gubbio wird jedes Jahr der größte Weihnachtsbaum der Welt geschmückt.

2. _____
   Der Marmore-Wasserfall ist mit 165m der höchste Europas.

3. _____
   In Piediluco gibt es das längste Echo der Welt (11 Silben).

4. _____
   In Montecastello di Vibio ist das kleinste klassische Theater der Welt.

5. _____
   In Passignano am Trasimenosee wird jedes Jahr eine 4,30m große Pfanne zum Fischbraten verwendet.

Die Hauptstadt Umbriens, **Perugia**, kämpfte lange gegen den Kirchenstaat. Als die Salzsteuer 1532 von Papst Paul III eingeführt wurde, brach ein blutiger Salzkrieg aus. Am Ende ließ der Pontifex eine kolossale Festung auf den Pälasten seiner Gegner bauen. Heute kann man das beeindruckende Untergeschoss der im 19. Jahrhundert abgerissenen **Rocca Paolina** besuchen, in der ganze Straßenzüge einverleibt worden waren.

Vita di San Francesco

Er ist einer der berühmtesten Heiligen Italiens. Ordnen Sie die Ereignisse aus seinem Leben in chronologischer Reihenfolge.

___ 1. Durante la guerra contro Perugia, Francesco è imprigionato *(gefangen)*.
___ 2. Solo 2 anni dopo la sua morte è dichiarato santo.
___ 3. È nato ad Assisi nel 1182.
___ 4. Dopo la guerra rinuncia a tutte le ricchezze del padre e si converte.
___ 5. È morto nel 1226.
___ 6. I genitori sono ricchi mercanti di tessuti *(Textilhändler)*.
___ 7. A 14 anni comincia a lavorare per il padre.
___ 8. Nel 1209 fonda l'ordine dei frati minori, oggi detti "francescani".

Kennen Sie sich mit dieser gebirgigen Region aus?

Quiz Abruzzo

1. Quale città non è in Abruzzo?
   - ☐ A Messina
   - ☐ B Pescara
   - ☐ C L'Aquila

2. Il Gran Sasso è
   - ☐ A una marca di olio abruzzese.
   - ☐ B la montagna più alta del mondo.
   - ☐ C la montagna più alta dell'Appennino.

3. Quale artista ha disegnato i borghi abruzzesi?
   - ☐ A M.C. Escher
   - ☐ B Vincent Van Gogh
   - ☐ C Picasso

4. Quanti parchi naturali ci sono?
   - ☐ A Nessuno.
   - ☐ B 1, il parco nazionale.
   - ☐ C Molti, 1/3 del territorio è parco naturale.

MENSCH & NATUR

Il cuore verde

Tesori del Centroitalia

Zentralitalien birgt viele historische Schätze. Verbinden Sie die Beschreibungen mit den Abbildungen.

A Il pozzo di San Patrizio ad Orvieto

B La fontana delle 99 cannelle all'Aquila

C Le mura etrusche di Todi

D Il Parco Nazionale del Gran Sasso

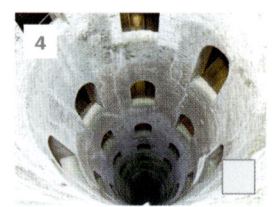

Trekking sull'Appennino

So schön kann man in den Apenninen wandern. Setzen Sie die fehlenden Wörter in die Lücken.

Il Lago Vivo

Il periodo più bello per questa _____ (1) è aprile-maggio. Il tempo di _____ (2) e ritorno è di circa _____ (3). Lasciate la macchina al _____ (4) e seguite il sentiero K6 per circa _____ (5) fino alla località Sorgente delle Donne. Da _____ (6) inizia il sentiero K4. Attraversate la _____ (7) dell'Inferno e dopo diversi tornanti arrivate al Lago Vivo a _____ (8) metri. Il lago si chiama così perché il suo volume cambia ogni anno con la quantità di _____ (9) che cade.

| andata | 1 km | passeggiata | 3 ore | valle |
| parcheggio | neve | qui | 1.590 | |

KULTUR & REISEN

Von wegen Mediterran! Die Küche Zentralitaliens ist eher deftig mit viel Fleisch. Verbinden Sie die Gerichte mit ihrer Übersetzung.

Menù

1. Pappardelle al cinghiale
2. Fagiano in salmì
3. Rigatoni cacio e tartufo
4. "Ndocca Ndocca" (Maiale alla teramana)
5. Gnocchi al sugo d'oca
6. Strozzapreti al tartufo
7. Arrosticini
8. Porchetta

A Spanferkel
B Rohrnudeln mit Käse und Trüffel
C „Stückchen Stückchen" (Schweinefleisch nach Teramo-Art)
D Marinierter Fasan in Weinsauce
E Knödeln in Gänsesauce
F Kleine Lammspieße
G Breite Bandnudeln in Wildschweinsauce
H „Priester-Strangulierer" mit Trüffel

Spaghetti alla Chitarra haben mit Musik gar nichts zu tun. Diese beliebten Eiernudeln aus den Abruzzen mit dem typischen viereckigen Querschnitt werden mit einem Gerät hergestellt, das wie das Musikinstrument Metallsaiten hat.

Diese Tiere können Ihnen in der italienischen Natur begegnen. Ordnen Sie sie den einzelnen Kategorien zu.

Animali

trota, falco, farfalla, lupo, orso, rana, fagiano, cinghiale, stambecco, cervo

1. Animali di montagna:

2. Animali che volano:

3. Animali d'acqua:

Quanto sei bella Roma

Quanto sei bella Roma

„Wie schön bist du, Rom"
schwärmt ein Volkslied, das u.a.
Anna Magnani gesungen hat.
Die Römer sind stolz auf die Schönheit
Ihrer Heimat. Die „Hauptstadt der
Welt" wird auch vom römischen
Cantautore Antonello Venditti
besungen. Das Lied schrieb er mit
15 auf **Romanesco,** dem hiesigen
Dialekt und landete 1972 einen
nationalen Hit. **„Roma Capoccia"**
ist eine raue, typisch römische Liebes-
erklärung an die **città eterna.**

I lucchetti dell'amore

Als Federico Moccia 1992 seinen Liebesroman **„Tre metri sopra il cielo"** schrieb, konnte er nicht ahnen, dass nach dem Vorbild der Protagonisten unzählige Liebende Vorhängeschlösser mit ihren Initialen an dem **Ponte Milvio** anbringen würden, um den Schlüssel in den **Tevere** zu werfen. Der romantische Brauch verbreitete sich im Nu, sodass irgendwann eine Laterne unter dem extremen Gewicht umstürzte. 2012 entfernte die Stadt Rom die metallischen Liebesspuren und versprach, sie in einem Museum aufzubewahren.

Quanto sei bella Roma

Romolo & Co.

Ordnen Sie folgende politische Persönlichkeiten ihren jeweiligen Amtszeiten zu.

1. 68 a.C.–44 a.C.
2. 753 a.C.–716 a.C.
3. 768 d.C.–814 d.C.
4. 1605–1621
5. 1861–1878
6. 1922–1943
7. 1994–1995; 2001–2006 e 2008–2011

___ A Vittorio Emanuele II Re d'Italia
___ B Papa Paolo V
___ C Carlo Magno
___ D Mussolini
___ E Romolo
___ F Berlusconi
___ G Giulio Cesare

Roma e il fascismo

Die Aufarbeitung des Faschismus in Rom ist für Deutsche manchmal schockierend. Welche Aussagen sind richtig?

	VERO	FALSO
1. Im Forum Italicum steht ein Obeliskus mit Widmung an Mussolini.	☐	☐
2. Die Enkelin des Diktators ist Abgeordnete im Parlament für die neofaschistische Partei „Alleanza Nazionale".	☐	☐
3. In Ostia kann man Feuerzeuge mit Mussolinis Abbild kaufen.	☐	☐
4. Mussolini ist im Mausoleum aufgebahrt, allerdings sind Besuche verboten.	☐	☐
5. An Laternen hängen manchmal Plakate mit Mussolinis Abbild.	☐	☐
6. Im Rom ist der altrömische Gruß mit dem ausgestreckten Arm ganz normal.	☐	☐

Die faschistische Diktatur ist für viele Italiener kein Tabu. Es wird darüber geredet und Fakten werden in der Öffentlichkeit auch mal verharmlost. In manchen Gegenden, wie in der **Toscana** oder in der **Emilia-Romagna**, wo der Widerstand stärker war, ist es anders.

MENSCH & NATUR

Wie war der Alltag bei den alten Römern? Kreuzen Sie an.

Gli antichi Romani

1. Cosa mangiavano i Romani a colazione?
   - ☐ A Pane, frutta secca, latte
   - ☐ B Pane, caffè, frutta fresca
   - ☐ C Zuppa di farro e cioccolato

2. Che tipo di scarpe portavano?
   - ☐ A Sandali e mocassini
   - ☐ B Niente
   - ☐ C Sandali di legno

3. Da chi andavano ogni giorno?
   - ☐ A Dal barbiere
   - ☐ B Dal dentista
   - ☐ C Dal pasticcere

4. Cosa esisteva già?
   - ☐ A Il gelato
   - ☐ B Il bikini
   - ☐ C La crema solare

5. Chi andava alle terme?
   - ☐ A Solo i ricchi
   - ☐ B Solo gli uomini
   - ☐ C Donne, uomini, bambini e schiavi

6. Chi faceva la spesa?
   - ☐ A Le donne
   - ☐ B Gli uomini
   - ☐ C Gli schiavi

Das muss man in Rom gemacht haben! Aber zwei Dinge passen gar nicht dazu. Finden Sie die Eindringlinge.

Cosa fare a Roma

- ☐ 1. Mangiare la pizza bianca con la mortadella.
- ☐ 2. Andare ad un concerto alle Terme di Caracalla.
- ☐ 3. Gustare il risotto allo zafferano.
- ☐ 4. Bere il caffè a Piazza Sant'Eustachio.
- ☐ 5. Prendere l'aperitivo a Campo dei Fiori.
- ☐ 6. Mettere la mano nella Bocca della Verità.
- ☐ 7. Fare un giro in gondola.
- ☐ 8. Buttare una moneta nella Fontana di Trevi.

Die Römer lieben **cornetti di mezzanotte**. Dieser Brauch findet seinen Ursprung in der Diskoszene: früher ging man nach dem Tanzen in der Morgendämmerung zu den Bäckern, die schon am Werk waren und ließ sich durch die Hintertür das duftende Gebäck als „Vorpremiere" verkaufen.

Quanto sei bella Roma

Non solo Roma

Jenseits von Rom gibt es in der Region Latium viele weitere interessante Reiseziele. Können Sie diese auf den Fotos erkennen? Ordnen Sie zu.

A Il giardino dei mostri di Bomarzo
B Il Lago di Bracciano
C Ostia, "Il mare di Roma"
D L'Isola di Ponza
E Frascati e gli altri Castelli Romani

Stranezze

Ganz schön merkwürdig. Verbinden Sie den Ort oder die Sehenswürdigkeit mit der jeweils passenden Besonderheit.

1. Sant'Ignazio di Loyola
2. Salita di Ariccia
3. Basilica di San Clemente
4. Chiesa dei Cappuccini
5. "Buco di Roma"

___ A Unter dieser Basilika kann man eine ältere Kirche aus dem 6. Jahrhundert besuchen und weiter unten eine Kultstätte aus dem 2. Jahrhundert!

___ B Hier kann man den Petersdom aus dem … Schlüsselloch sehen!

___ C Die wunderschöne Kuppel der Kirche ist einfach nur … eine Leinwand!

___ D Auf dieser Steigung rollt ein Ball … nach oben!

___ E Hier sind die aufwendigen Wanddekorationen aus … Menschenknochen!

KULTUR & REISEN

Cosa si dice?

Wählen Sie die richtigen Worte am Tisch.

1. „Vuoi qualcosa da bere?"
   Wie übersetzt man „Ja, bitte"?
   - A Sì, grazie!
   - B Sì, prego!
   - C Sì, per favore!

2. „Du bist heute eingeladen."
   Wie heißt es richtig?
   - A Oggi sei invitato.
   - B Oggi sei mio ospite.
   - C Oggi offro io.

3. Die Rechnung unter den Gästen gleichmäßig aufteilen heißt:
   - A Pagare una fiorentina.
   - B Fare tutto siciliano.
   - C Fare alla romana.

4. Was ist eine unhöfliche Ablehnung?
   - A Scusa, ma non mi piace.
   - B Purtroppo sono allergico.
   - C Sono vegetariano.

Informazioni utili

Welches Foto gehört zu welcher Beschreibung?

A Al Campidoglio, nella Sala Rossa del Palazzo Senatorio, è possibile sposarsi. Basta prenotare molto tempo prima e pagare una tassa. Chi abita a Roma non paga nulla.

B I Papi, per proteggersi da eventuali attacchi, potevano rifugiarsi a Castel Sant'Angelo, la fortezza collegata al Vaticano da un "corridoio" che si può visitare prenotando prima.

C A Roma ci sono più di 3.000 fontane e fontanelle. Le tipiche fontanelle di ghisa (*Gusseisen*) si chiamano scherzosamente "nasoni".

D Chi mangia davanti ad un monumento o in una piazza di interesse turistico, per esempio sulla Scalinata di Trinità dei Monti, deve pagare una multa da 25 € a 500 €.

Ma è una mania!

Nuove e vecchie manie

Kennen Sie die Marotten der Italiener?
Was stimmt wirklich? Kreuzen Sie an.

- ☐ **1.** Il numero di giovani con un tatuaggio cresce ogni anno di più.
- ☐ **2.** L'Italia è al 2° posto in Europa per numero di auto per persona.
- ☐ **3.** L'80 % dei giovani italiani usa i social network.
- ☐ **4.** Il 97% degli italiani mangia carne, mentre solo il 3% è vegetariano.

Mania dell'igiene

Italiener mögen es sauber
– aber was stimmt wirklich?

	VERO	FALSO
1. Viele Restaurants sterilisieren und schweißen das Metallbesteck ein, bevor es auf den Tisch kommt.	☐	☐
2. Seit 2010 muss man sich in Bars die Hände desinfizieren.	☐	☐
3. Chlorreiniger gehört zur normalen Ausstattung eines Haushaltes.	☐	☐
4. Beim Gemüsekaufen muss man Plastikhandschuhe tragen.	☐	☐
5. In Schwimmbädern ist es verboten, ohne Badekappe zu schwimmen oder barfuß zu laufen.	☐	☐
6. Italiener putzen sich durchschnittlich 4 Mal am Tag die Zähne.	☐	☐
7. Selbst die kleinste Wunde wird umgehend desinfiziert.	☐	☐
8. Es gilt als unhöflich, weil unhygienisch, auch nur die Jacke eines Unbekannten zu berühren.	☐	☐

Gioco d'azzardo

Glückspiele sind in den letzten Jahren immer beliebter geworden. Verbinden Sie die Spielnamen mit der Definition.

1. Gratta e vinci
2. Poker
3. Bingo/Tombola
4. Totocalcio
5. Roulette

___ A Gioco di carte
___ B Biglietto da grattare
___ C Ruota con 37 numeri e una pallina
___ D Scommesse sul calcio
___ E Vince chi ha tutti i numeri.

Falls Sie ins Casino gehen sollten, achten Sie bitte auf die Aussprache: **Casinò**, mit der Betonung auf dem letzten -o, das ganz offen klingen soll. Sollten Sie das Wort wie im Deutschen betonen, so bedeutet es nämlich *Bordell*, *Chaos*, oder *Missgeschick*.

Che pulito!

Was passt nicht? Finden Sie jeweils den Eindringling.

1.
- ☐ A Shampoo
- ☐ B Sapone
- ☐ C Cassetto
- ☐ D Gel doccia

2.
- ☐ A Dentifricio
- ☐ B Spazzolino
- ☐ C Filo interdentale
- ☐ D Spazzola

3.
- ☐ A Piscina
- ☐ B Bidet
- ☐ C Doccia
- ☐ D WC

4.
- ☐ A Lavatrice
- ☐ B Lavanda
- ☐ C Lavastoviglie
- ☐ D Aspirapolvere

5.
- ☐ A Lavare
- ☐ B Stirare
- ☐ C Mettere in ordine
- ☐ D Lavorare

6.
- ☐ A Pulito
- ☐ B Sporco
- ☐ C Profumato
- ☐ D Ordinato

MENSCH & NATUR

Ma è una mania!

Che (s)fortuna!

Was bringt in Italien Glück, was Unglück? Kreuzen Sie an.

		😊	☹
A	Un gatto nero che attraversa la strada.	☐	☐
B	Il numero 13	☐	☐
C	Rompere uno specchio.	☐	☐
D	Toccare ferro.	☐	☐
E	Rovesciare il sale.	☐	☐
F	Aprire un ombrello in casa.	☐	☐
G	Incrociare le dita.	☐	☐

Così no!

Bei diesen Dingen versteht der Italiener keinen Spaß. Was können die Italiener nicht leiden? Kreuzen Sie die richtige Antwort an!

Gli italiani non amano:

1. la pasta…
   - ☐ A al dente.
   - ☐ B troppo cotta.
   - ☐ C troppo condita.

2. l'appartamento…
   - ☐ A luminoso.
   - ☐ B al primo piano.
   - ☐ C senza le tende.

3. il caffè espresso…
   - ☐ A dolce.
   - ☐ B lungo.
   - ☐ C freddo.

4. la macchina…
   - ☐ A sporca.
   - ☐ B vecchia.
   - ☐ C rumorosa.

5. i bambini che…
   - ☐ A giocano con la terra.
   - ☐ B dormono a lungo.
   - ☐ C guardano la TV.

6. mangiare…
   - ☐ A senza tovaglia sul tavolo.
   - ☐ B con le mani.
   - ☐ C in giardino.

Parolacce

Sch...eibenkleister! ruft der Deutsche. Wie reißen sich die Italiener zusammen? Kombinieren Sie die abgeschwächten Flüche mit ihrem eigentlichen Ursprung.

1. Cavolo!
2. Porca trottola!
3. Va' a quel paese!
4. Figlio di buona donna!
5. Che due scatole!

___ A Cazzo!
___ B Vaffanculo!
___ C Figlio di puttana!
___ D Che due palle!
___ E Porca troia!

Schimpfwörter sind in Italien salonfähiger als anderswo. Sexualbetonte Ausdrücke fließen unauffällig in normale Gespräche ein. Gotteslästerung dagegen ist viel heikler. Gegen Gott, Maria oder den Heiligen zu fluchen, sollte man sich für den Ernstfall aufheben, wo man bewusst gegen die Etikette verstoßen will. Übrigens: hinter dem harmlosen „Mamma mia!" verbirgt sich eine Beleidigung der Madonna.

Modi di dire

Wie gehen diese Volksweisheiten weiter? Achten Sie auf den Reim!

1. Altezza...
2. Chi bello vuole apparire...
3. Bacco, Tabacco e Venere...
4. Chi dice donna...
5. Donna baffuta...

___ A riducono l'uomo in cenere.
___ B sempre piaciuta.
___ C un poco deve soffrire.
___ D mezza bellezza.
___ E dice danno.

SPRACHE & MEHR

Ah che bello 'o cafè

Carico caldo corto

Kaffeetrinken ist in **Neapel** ein Ritual, das mit großer Sorgfalt zelebriert wird. Entweder in einer Bar, wo der **Barista** ein Experte ist, aber auch Liebe in die Zubereitung steckt. Oder zu Hause, in der klassischen **Moka**. Nur noch selten in der traditionellen **„caffettiera napoletana"**, einer Aluminiumkanne, die beim Siedepunkt umgedreht wird, damit das heiße Wasser herunterfließen kann. Der Kaffee muss stark, heiß und klein sein und mit **Andacht** geschlürft werden.

Il principe della risata

Totò, Künstlername von Antonio De' Curtis, war ein neapolitanischer Komiker, der in der **Nachkriegszeit** den typischen (Süd)Italiener karikierte: Gauner, Schwindler und doch gutherzig. Seine Charaktere waren Meisterstücke einer Komik, die Elemente der **Commedia dell'arte** mit **Slapsticks** à la Charlie Chaplin kombinierte. Zu Lebzeiten unterschätzt, gehört er heute zu den genialsten und beliebtesten Schauspielern aller Zeiten.

Ah che bello 'o cafè

Quiz Campania

Worum handelt es sich bei diesen kampanischen Orten? Kreuzen Sie an.

Nome	CITTÀ	ISOLA	ALTRO
1. Napoli	☐	☐	☐
2. Amalfi	☐	☐	☐
3. Scavi di Pompei	☐	☐	☐
4. Capri	☐	☐	☐
5. Ischia	☐	☐	☐
6. Caserta	☐	☐	☐
7. Vesuvio	☐	☐	☐
8. Procida	☐	☐	☐

Il Regno delle due Sicilie

Vor der italienischen Vereinigung war Kampanien eine der fortschrittlichsten Regionen Europas. Verbinden Sie die Satzteile und erfahren Sie mehr über die Errungenschaften dieses Königreichs.

1. Nel XVIII secolo Napoli era la città con più abitanti…

2. Nel 1754 all'Università di Napoli è nato il primo…

3. Nel 1847 la fabbrica di locomotive di Pietrarsa…

4. Nel 1818 dal porto di Napoli è partita la…

5. La Napoli-Portici è stata la prima…

___ A prima nave a vapore del Mediterraneo.

___ B era la più grande d'Italia, con quasi 1000 operai. La Fiat non esisteva ancora.

___ C corso di laurea in economia.

___ D in Europa, dopo Londra e Parigi.

___ E ferrovia d'Italia (1839).

MENSCH & NATUR

Che traffico!

In Neapel nimmt man es nicht so genau mit den Verkehrsregeln. Finden Sie die italienische Überschrift für die folgenden Texte.

1. _____
   Rote Ampeln werden in Neapel gerne ignoriert.

2. _____
   Es kann passieren, dass Krankenwagen im Verkehr stecken bleiben.

3. _____
   ¾ aller Bußgelder (jährlich ca. 1 Million Strafzettel) werden in Neapel nicht bezahlt.

4. _____
   In Neapel kann man T-Shirts mit aufgedrucktem Sicherheitsgurt kaufen, um sich nicht anschnallen zu müssen.

5. _____
   Kurz nach Einführung der Helmpflicht für Motorradfahrer, wurden Helmträger von der Polizei angehalten, weil sie wie Kriminelle ihr Gesicht verschleierten.

- Ambulanza bloccata
- Cinture di sicurezza
- Multe non pagate
- Casco obbligatorio?
- Semafori inutili

Segnali stradali

Was bedeuten diese Verkehrsschilder? Verbinden Sie.

____ A Stazione ferroviaria

____ B Casello autostradale

____ C Controllo elettronico della velocità

Ah che bello 'o cafè

Da non perdere!

Diese Sehenswürdigkeiten sollten Sie nicht verpassen. Setzen Sie die Überschriften an die richtige Stelle ein.

1. _____

Sotto Napoli ci sono moltissime strade e stanze segrete. Le più antiche sono di epoca romana e durante la Seconda Guerra Mondiale sono state un rifugio dai bombardamenti.

2. _____

Questa spettacolare residenza barocca (40.000 m^2) è il palazzo più grande d'Italia. Ci sono 6 fontane e una cascata di 80 metri. Era della famiglia dei Borbone.

3. _____

Nel 79 d.C. un'eruzione del Vesuvio ha distrutto queste due città. La cenere ha coperto tutto e conservato perfettamente molte case, oggetti e corpi di persone.

4. _____

Queste due cittadine sulla Costiera Amalfitana sono famose per il paesaggio romantico e il Limoncello. Sono molto belle le scalinate nel centro storico e sul mare.

5. _____

Dal monte Solaro (589 m.) si può vedere tutta l'isola ma anche i golfi di Napoli e Salerno. E poi si può fare shopping nelle boutique più esclusive!

| Pompei ed Ercolano | La Reggia di Caserta | Amalfi e Positano | Napoli sotterranea | Capri |

Numeri fortunati

Hier ist ein Schlüssel, um die Zukunft vorherzusagen oder im Lotto zu gewinnen. Wie würde Ihr Lottoschein aussehen, wenn Sie den beschriebenen Traum hätten? Tragen Sie die entsprechenden Zahlen in die Kästchen ein.

La smorfia napoletana

1=Italien, 83=schlechtes Wetter, 63=Braut, 12=Soldat, 45=guter Wein, 55=Musik, 81=Blumen, 11=Mäuse, 65=weinen

"C'è un matrimonio e la sposa piange perché i fiori non sono freschi. Dei topi ballano su una musica balcanica."

☐ ☐ ☐ ☐ ☐

> In Neapel ist Kaffee mehr als ein Getränk. Welche Antwort stimmt?

Il caffè

1. Welches Gerät ist nicht für Kaffee geeignet?
- ☐ A Moka
- ☐ B Teiera
- ☐ C Caffettiera napoletana

2. In welchem Behälter wird Espresso serviert?
- ☐ A Tazza
- ☐ B Tazzona
- ☐ C Tazzina

3. Welches Getränk enthält kein Koffein?
- ☐ A Il deca
- ☐ B Lo shakerato
- ☐ C Il marocchino

4. Was isst man hier zum Kaffee?
- ☐ A Panettone e pandoro
- ☐ B Sfogliatelle e babà
- ☐ C Pizza e fichi

5. Der neapolitanische Kaffee muss sein:
- ☐ A Carico, caldo e corto
- ☐ B Lungo, liscio e con latte
- ☐ C Abbondante, amabile e amaro

6. Welches ist das größte Getränk?
- ☐ A Caffè lungo
- ☐ B Caffè freddo
- ☐ C Caffè americano

> Von hier stammt das erfolgreichste Fladenbrot der Welt! Was sind die Zutaten folgender Klassiker außer der Tomatensauce? Kombinieren Sie!

La pizza napoletana

1. Marinara
2. Margherita
3. Quattro stagioni
4. Con le alici

___ A Funghi, carciofini, olive, prosciutto cotto, mozzarella
___ B Aglio e origano
___ C Aglio e acciughe
___ D Mozzarella (e basilico)

SPRACHE & MEHR

Forza azzurri!

Silvio Berlusconi, der vor seiner politischen Karriere u. a. Vorsitzender von AC Mailand war, hat die Sprache des Sports in die Politik eingeführt. 1994 ging er „auf den Platz" mit seiner Partei **Forza Italia** (Auf geht's Italien!). Seine Abgeordneten werden als **Azzurri** bezeichnet, genauso wie die Nationalspieler mit dem himmelblauen Trikot. Und beim Regieren wurde er von einer, **"squadra di governo"** einer „Regierungsmannschaft" unterstützt.

Quiz sport

Italiens Sportleistungen können sich sehen lassen. Was wissen Sie darüber?

1. Wem verdankt das italienische Trikot die Farbe „Azzurro"?
   - ☐ A Lo stemma dei Savoia
   - ☐ B La canzone cantata da Celentano
   - ☐ C Il colore del cielo italiano

2. Die Fußball-Nationalmannschaft trägt folgende Titel:
   - ☐ A 4x Campione del mondo, 5x d'Europa
   - ☐ B 5x Campione del mondo, 4x d'Europa
   - ☐ C 4x Campione del mondo, 1x d'Europa

3. Wer ist Mario Balotelli?
   - ☐ A Un nuotatore
   - ☐ B Un calciatore
   - ☐ C Un ciclista

4. Italiens Frauen gehören zu den Weltbesten in:
   - ☐ A Scherma
   - ☐ B Baseball
   - ☐ C Rugby

5. Bis zu den Spielen 2012 hatte Italien so viele Medaillen gewonnen:
   - ☐ A Più di 200
   - ☐ B Meno di 100
   - ☐ C 50

6. Er hielt 17 Jahre lang den Weltrekord über 200 Meter:
   - ☐ A Alberto Tomba
   - ☐ B Pietro Mennea
   - ☐ C Mario Cipollini

Squadre doppie

Zu diesen Städten gehören jeweils 2 Fußballmannschaften. Ordnen Sie zu.

1. Torino ___ ___
2. Roma ___ ___
3. Genova ___ ___
4. Milano ___ ___

- A Genoa
- B Inter
- C Juventus
- D Lazio
- E Milan
- F Roma
- G Sampdoria
- H Torino

MENSCH & NATUR

Sport in TV

Ordnen Sie die italienischen Sportarten jeweils dem passenden Bild zu.

A Ciclismo
B Formula 1
C Pallavolo
D Pallacanestro

Gli italiani e lo sport

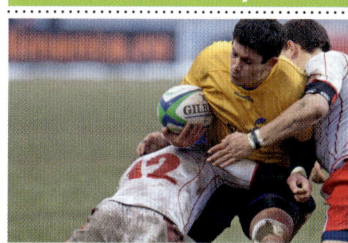

Wie ist das Verhältnis der Italiener zum Sport? Was stimmt wirklich?

	VERO	FALSO
1. Solo il 3% degli italiani fa regolarmente sport.	☐	☐
2. Lo sport più praticato dagli uomini è il nuoto.	☐	☐
3. Il basket è lo sport più amato dopo il calcio.	☐	☐
4. Le donne amano il rugby più degli uomini.	☐	☐
5. Gli scacchi in Italia sono ufficialmente uno sport.	☐	☐
6. Il gioco di squadra preferito dalle donne è la pallavolo.	☐	☐
7. Le donne fanno più sport degli uomini.	☐	☐

Rugby genießt in Italien nicht nur als Sportart immer größeres Ansehen. Laut einer Umfrage einer Website für weibliche Seitensprünge stehen Rugbyspieler ganz oben in der Liste der attraktivsten Männer, mit denen sie den Ehepartner betrügen würden. Beachtliche Körpergröße, Muskelmasse aber auch das „wilde" Image der Rugbyspieler hätten den Fußballhelden angeblich den ersten Platz weggenommen.

MENSCH & NATUR

Forza azzurri!

Campioni

Wer sind die beliebtesten Sportler Italiens?
Tragen Sie den Namen an die richtige Stelle ein.

1. _____ – Campionessa di sci alpino ai giochi olimpici
2. _____ – Pilota motociclistico più volte campione del mondo
3. _____ – Uno dei migliori portieri della storia del calcio
4. _____ – Campionessa mondiale di nuoto
5. _____ – Campionessa mondiale di pattinaggio sul ghiaccio

Federica Pellegrini   Gianluigi Buffon   Carolina Kostner
Valentino Rossi   Deborah Compagnoni

Palla o pallina?

Was benutzt man hier? Einen großen oder kleinen Ball oder eher eine Kugel? Kombinieren Sie die Namen mit den abgebildeten Sportarten.

A Palla   **B** Pallone   **C** Pallina

1 Golf
2 Pallamano
3 Calcio

Ein Zungenbrecher für Ballfanatiker: "Apelle figlio d'Apollo fece un palla di pelle di pollo. Tutti i pesci vennero a galla per vedere la palla di pelle di pollo, fatta d'Apelle figlio d'Apollo." *(Apelle Sohn des Apolls machte einen Ball aus Hähnchenhaut. Alle Fische kamen an die Oberfläche, um den Ball aus Hähnchenhaut zu sehen, den Apell Sohn des Apolls gemacht hatte).*

SPRACHE & MEHR

Stampa italiana

Wie heißen die 3 wichtigsten Sport-Tageszeitungen? Streichen Sie 10 Namen der nationalen Tageszeitungen durch und finden Sie die fehlenden Wörter.

CORRIEREDELLASERALAREPUBBLICAGAZILMESSAG
GEROZETILGIORNALETALASTAMPAILSOLE24ORECORAV
VENIRERIEL'UNITÀREILTEMPOILMANIFESTOTUTTOLIBERAZIONE

1. La _____ dello sport
2. _____ dello sport
3. _____ sport

Gol!

Gehen Sie gerne ins Stadion? Kennen Sie die wichtigsten Ausdrücke? Ergänzen Sie die Wörter entsprechend der deutschen Definitionen und finden Sie das italienische Wort für „Abseits" heraus.

1. Pfiff
2. Team
3. Tor
4. Spiel
5. Schiedsrichter
6. Trikot
7. Elfmeter
8. Latte
9. Stoß
10. Faul

1. _ I S C H I O
2. S Q _ A D R A
3. G _ L
4. P A _ T I T A
5. A R B _ T R O
6. M A _ L I A
7. R _ G O R E
8. P A L _
9. C A L _ I O
10. F A L L _

Tacco e Punta

Le Maldive italiane

Wenn es um schöne Strände geht, dann können sich **Apulien** und **Kalabrien** (zusammen mit Sardinien) durchaus mit der Karibik messen lassen. Weißer feiner Sand und türkisblaues Meer findet man im apulischen **Salento** oder auch in der kalabrischen Bucht **Capo Vaticano.** Doch auch Kulturinteressierte kommen auf ihre Kosten: Architektonische **Kleinode** auf steilen Klippen mit atemberaubenden Aussichten erwarten die Reisenden, die wissen, dass Italien nicht in Florenz aufhört.

Lo stretto di Messina

Gerade mal 3,2 km trennen **Sizilien** von **Kalabrien.** Diese Meerenge war in der Antike ein wichtiger und gefürchteter Handelsweg, dessen z.T. tödliche Strömungen durch die Monster **Scilla** und **Cariddi** personifiziert wurden. Gefährlich ist die Straße von **Messina** für heutige Seefahrzeuge nicht mehr. Trotzdem behält sie eine magische **Aura** – besonders, wenn an manchen Tagen eine **Fata Morgana** die sizilianische Küste unglaublich nah erscheinen lässt.

Tacco e Punta

Quiz Puglia e Calabria

Bei diesen Landzungen endet die Halbinsel im sonnigen Mittelmeer. Was wissen Sie über diese Orte? Kreuzen sie an.

1. Absatz und Spitze: Welche Regionen sind gemeint?
   - ☐ A Calabria e Puglia
   - ☐ B Puglia e Calabria
   - ☐ C Basilicata e Molise

2. Welche apulische Stadt ist für die „Trulli" berühmt?
   - ☐ A Ancona
   - ☐ B Alghero
   - ☐ C Alberobello

3. Welche Region liegt am „Sporn" des Stiefels?
   - ☐ A Conero
   - ☐ B Gargano
   - ☐ C Argentario

4. Wie heißt die kalabrische Hochebene mit dem Alpenklima?
   - ☐ A Sicilia
   - ☐ B Sila
   - ☐ C Scilla

5. Welche Minderheitensprache wird in beiden Regionen gesprochen?
   - ☐ A Latino
   - ☐ B Arabo
   - ☐ C Greco

6. Welche dieser malerischen Kleinstädte befindet sich in Kalabrien?
   - ☐ A Sorrento
   - ☐ B Tropea
   - ☐ C Manarola

Federico II di Svevia

Friedrich II ist eine wichtige historische Figur für Apulien und Italien. Was wissen Sie über diese bemerkenswerte Persönlichkeit? Was stimmt, was nicht?

	VERO	FALSO
1. Federico II di Svevia era a capo del Sacro Romano Impero.	☐	☐
2. Ha scritto poesie in Siciliano.	☐	☐
3. Il suo castello più famoso è Sanssouci a Potsdam.	☐	☐
4. Ha fondato l'Università di Napoli.	☐	☐
5. Era analfabeta.	☐	☐
6. Era un esperto di caccia.	☐	☐

MENSCH & NATUR

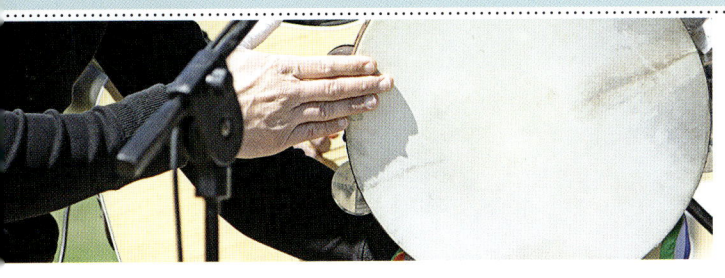

Pizzica e Taranta

Hier wird bis zur Erschöpfung getanzt! Ergänzen Sie den Text und erfahren Sie mehr über den Ursprung dieser Tradition.

In Puglia e Calabria si balla un tipo di _____ (1) popolare tipico del Sud. Secondo la leggenda le persone "pizzicate" da una _____ (2) diventavano nervose e si muovevano in continuazione. Per curare la _____ (3), dei gruppi specializzati di musicisti suonavano una _____ (4) dal ritmo ipnotico e i malati ballavano fino allo sfinimento. Oggi sappiamo che la malattia era probabilmente l'epilessia. La Pizzica e la Taranta però sono rimaste nella _____ (5) e si ballano in estate nelle _____ (6) di paese.

danza	malattia
tarantola	feste
musica	tradizione

Aus Kalabrien oder Apulien kommen wichtige Persönlichkeiten. Kennen Sie alle? Kombinieren Sie.

1. Ha cantato il successo mondiale „Volare".
2. Un attore comico pugliese
3. Stilista calabrese
4. La prima parlamentare transgender d'Europa
5. Per lunghi anni ha cantato con Romina Power.

____ A Domenico Modugno ____ B Gianni Versace
____ C Al Bano ____ D Lino Banfi ____ E Vladimir Luxuria

Personaggi famosi

Rodolfo Valentino, der Stummfilmstar aus den 20er Jahren, stammte aus **Castellaneta,** Apulien. Der junge Migrant kam zufällig zum Film und eroberte das Publikum (vor allem das weibliche) mit einer Tangoszene. Über Nacht wurde er zum ersten männlichen Sexsymbol aus Hollywood und trug als erster in der Geschichte den Beinamen „Latin Lover".

Tacco e Punta

Specialità del Sud

Nicht alle diese Spezialitäten aus dem Süden sind überall bekannt. Worum handelt es sich dabei? Kombinieren Sie.

"**Fare un brindisi**", *Anstoßen*, hat nichts mit der gleichnamigen Hafenstadt in Apulien zu tun. Das Wort stammt aus dem Deutschen: "(Ich) Bring dir's.", dem Trinkspruch, der im 16. Jahrhundert von den trinkfreudigen Landknechten übernommen wurde.

1. Orecchiette
2. Burrata
3. Brasilena
4. 'Nduja
5. Cipolla rossa

___ A Bevanda gassata al caffè!

___ B Formaggio cremoso simile alla mozzarella

___ C Salame calabrese da spalmare (zum Streichen)

___ D Ortaggio originario di Tropea

___ E Pasta fatta a mano

Piccantissimo!

Die kalabrische Küche ist für die Verwendung von **peperoncino** *(kleinen Pfefferschoten)* berühmt-berüchtigt. Lesen Sie das Rezept und ergänzen Sie Ihre Zutatenliste.

Tagliate le melanzane a fette di 1,5 cm. Condite le fette con olio e sale. Mettete le melanzane in forno a 200 °C. Tagliate il peperone a dadini. Fate un trito di prezzemolo, peperoncino, origano fresco e capperi. Friggete il peperone con il trito. Mettete le melanzane su un piatto e decorate con la salsa piccante.

Buon appetito!

Lista della spesa:

1. 1 kg di _____
2. 1 _____ rosso
3. 1 mazzetto di _____
4. 5 cucchiai d' _____ d'oliva
5. _____ fresco
6. 10–15 _____ sotto sale o sottaceto
7. 5 _____ piccanti freschi
8. _____ a piacere (nach Belieben)

SPRACHE & MEHR

Mafie varie

> Süditalien ist leider auch wegen seiner zahlreichen mafiösen Organisationen bekannt. Kennen Sie ihre Namen? Setzen Sie diese an die richtige Stelle im Text.

La mafia più famosa è quella siciliana. Quest'organizzazione criminale potentissima è conosciuta anche come "_____ _____" **(1)**.

La mafia calabrese porta il nome dialettale di "_____" **(2)**, mentre la _____ **(3)**, descritta da Roberto Saviano in "Gomorra", è attiva in Campania. La Puglia e la Basilicata hanno organizzazioni criminali dai nomi suggestivi: rispettivamente _____ _____ _____ **(4)** e _____ **(5)**, ma (per fortuna) sono piuttosto deboli e quindi meno pericolose.

| 'Ndrangheta | Sacra Corona Unita | Cosa Nostra |
| Camorra | Basilischi | |

Carabinieri-Witze entsprechen in etwa den deutschen Blondinenwitzen. Der italienischen Gendarmerie mit der schmucken schwarzen Uniform wird nämlich nachgesagt, einfache Gemüter zu rekrutieren, die sich in allen möglichen Situationen durch ihre Dummheit blamieren.

Numeri

> Wie viele Carabinieri braucht man, um eine Glühbirne zu wechseln? Finden Sie die Antwort heraus. Die Erklärung, die ein altbekannter Witz ist, finden Sie im Lösungsteil.

1. Le dita della mano
2. I colli di Roma
3. Tre per tre
4. Il numero sacro
5. Quattro più quattro

KNOBELN & RÄTSELN

Un posto al sole!

Export

Hier sind einige italienische Exportschlager im Überblick. Finden Sie den Eindringling in der Liste.

1. Alimentari
   - [ ] A Grana Padano
   - [ ] B Aceto Balsamico di Modena
   - [ ] C Acqua di Parma
   - [ ] D Prosciutto di San Daniele

2. Moda
   - [ ] A Trussardi
   - [ ] B Benetton
   - [ ] C Laura Biagiotti
   - [ ] D De Cecco

3. Automobili
   - [ ] A Lancia
   - [ ] B Geox
   - [ ] C Alfa Romeo
   - [ ] D Lamborghini

4. Arredamento
   - [ ] A Poltrona Frau
   - [ ] B Moschino
   - [ ] C Divani & Divani
   - [ ] D Scavolini

"Trovarsi un posto al sole", *einen Platz an der Sonne zu finden*, bedeutet, sich eine Position zu schaffen – also beruflich und finanziell anzukommen. Davon können leider viele Italiener nur träumen. Der Weg dahin ist nicht selten die **raccomandazione,** eine Empfehlung von jemandem, der mit dem potentiellen Arbeitgeber verwandt oder befreundet ist. Diese Praktik soll besonders bei ausgeschriebenen Stellen im öffentlichen Dienst ausgeprägt sein.

Il mondo del lavoro

Auswandernde Akademiker, niedrige Löhne, unsichere Verträge. So sieht die Arbeitswelt in Italien leider aus. Verbinden Sie die Begriffe mit deren Erklärung.

1. Gli stagisti
2. Il lavoro nero
3. La fuga dei cervelli
4. I milleuristi
5. I precari

___ A Molti laureati emigrano all'estero.

___ B Molti giovani hanno uno stipendio di 1000 euro.

___ C Chi fa pratica senza stipendio.

___ D Chi non ha un "posto fisso".

___ E È il lavoro illegale.

Vacanze italiane

Wo verbringen die Italiener ihren Urlaub? Immer in der Sonne? Setzen Sie die fehlenden Wörter an die richtige Stelle ein.

1. In estate gli italiani preferiscono andare al _____.

2. In inverno si va in _____ a fare la settimana bianca.

3. Per le vacanze molti italiani restano in Italia e non vanno all' _____.

4. Le vacanze corte si fanno nei weekend _____.

5. Il nuovo _____ sono le vacanze benessere.

6. Grazie ai voli low-cost, gli italiani prendono spesso l' _____.

"Un posto al sole" ist auch eine erfolgreiche Seifenoper, die in Neapel spielt und auch unübliche Themen behandelt, wie Homosexualität oder besonders heikle wie die **camorra**. Gestartet im Herbst 1996 ist sie die längste Serie des italienischen Fernsehens.

estero   aereo   montagna   mare   lunghi   trend

Cosa portare in vacanza?

	MARE	MONTAGNA	CITTÀ
1. Ombrellone	☐	☐	☐
2. Cartina della città	☐	☐	☐
3. Ciabatte infradito	☐	☐	☐
4. Costume da bagno	☐	☐	☐
5. Scarpe da trekking	☐	☐	☐
6. Berretto di lana	☐	☐	☐
7. Guida dei musei	☐	☐	☐
8. Sci	☐	☐	☐

In valigia

Was kommt in den Koffer, wenn Sie ans Meer oder in die Berge fahren und was packen Sie eher für eine Städtereise ein?

KULTUR & REISEN

Un posto al sole!

Proverbi meteo

> Eine Schwalbe macht noch lange keinen ...?
> Wie gehen diese Sprichwörter über Wetter und Jahreszeiten weiter? Kombinieren Sie.

1. Aprile...
2. Rosso di sera...
3. Cielo a pecorelle...
4. Marzo pazzerello...
5. Una rondine...
6. Ferragosto...

A buon tempo si spera.
B un giorno è brutto e l'altro bello.
C non fa primavera.
D inizio d'inverno.
E pioggia a catinelle.
F dolce dormire.

Che tempo fa?

> Ordnen Sie die Sätze dem jeweiligen Foto zu.

A C'è il sole.
B È nuvoloso.
C Piove.
D Nevica.

94 SPRACHE & MEHR

Giorni festivi

Hier hat man frei! Kombinieren Sie die Bezeichnungen mit der deutschen Übersetzung.

1. Ponte
2. Primo maggio
3. Ferragosto
4. Pasqua
5. Weekend lungo
6. Ognissanti
7. Natale

___ A Weihnachten
___ B Allerheiligen
___ C Brückentag
___ D 15. August
___ E 1. Mai
___ G Langes Wochenende
___ F Ostern

Am 6. Januar (Heilige Dreikönige) bekommen italienische Kinder von einer hässlichen Hexe Geschenke und Süßigkeiten. Die in Lumpen gekleidete **Befana** fliegt auf ihrem Hexenbesen und verteilt nicht nur Süßes: Wer nicht artig war, findet in seinem aufgehängten Strumpf nur schwarze Kohle. Manche Eltern erlauben sich einen Scherz und stecken schwarz gefärbte Zuckerstücke in die **calza**.

Energia solare & Co.

Italien hat sich 1987 gegen die Kernkraftenergie entschieden. Kombinieren Sie die Energien mit ihrer Quelle. Die „versenkten" Buchstaben ergeben den Namen eines Nobelpreisträgers, der sich mit Atomkraft beschäftigte!

	A Sole	B Acqua	C Terra	D Atomo	E Vento
1. Eolica	O	B	A	R	F
2. Idroelettrica	Z	E	U	W	H
3. Solare	R	F	I	E	A
4. Nucleare	D	U	G	M	K
5. Geotermica	P	Q	I	S	A

Lösung: _____

Isole e isolotti

Isole Eolie

Diese Inseln, die seit dem Jahr 2000 Naturerbe der UNESCO sind, faszinieren immer wieder aufs Neue. Jede einzelne hat ihren besonderen Charme: **Lipari** ist die „Hauptstadt", **Salina**, die Grünste von allen, bietet steile Wanderwege, auf **Vulcano** badet man in Schwefelwasser, **Panarea** ist die kleine Promiinsel, **Alicudi** und **Filicudi** bleiben ursprünglich und wild. Und **Stromboli** mit dem gleichnamigen Vulkan, lockt nicht nur Wissenschaftler auf seine schwarzen, gefährlichen Hänge.

Atlantide in Sardegna

Plato war der Erste, der über das wunderschöne **Inselreich**, das über Nacht von einer gigantischen Überschwemmung ausradiert wurde, schrieb. Seitdem vermutet man immer wieder, **Atlantis** habe wirklich existiert. Und warum nicht auf Sardinien? Schließlich florierte hier in der **Bronzezeit** eine hohe Zivilisation, die imposante Gigantengräber hinterließ. Die sog. „**Nuraghi**" wurden höchstwahrscheinlich von einem **Riesentsunami** zerstört. Eine Theorie, die Sarden träumen und **Skeptiker** den Kopf schütteln lässt.

Isole e isolotti

Quiz isole — Wie viel wissen Sie bereits über italienische Inseln? Kreuzen Sie an.

1. Quante isole ci sono in Piemonte?
   - ☐ A Nessuna!
   - ☐ B 10
   - ☐ C 5

2. Qual è l'isola italiana più grande?
   - ☐ A Sardegna
   - ☐ B Sicilia
   - ☐ C Elba

3. Qual è l'isola italiana più a Sud?
   - ☐ A Lampedusa
   - ☐ B Favignana
   - ☐ C Procida

4. Le isole di Asinara, Capraia e Pianosa erano:
   - ☐ A Carceri
   - ☐ B Residenze reali
   - ☐ C Vulcani

Piccoli Arcipelaghi — Kennen Sie auch die kleinen Inseln? Verbinden Sie.

1. Arcipelago Toscano
2. Tremiti
3. Isole Ponziane
4. Isole Eolie
5. Arcipelago della Maddalena
6. Capri e Ischia

___ A Isole vulcaniche con Lipari e Stromboli

___ B Parco naturale a Nord della Sardegna

___ C Gruppo di isole con l'Elba e il Giglio

___ D Isole ad Ovest del Lazio

___ E Isole famosissime nel Golfo di Napoli

___ F Isole dell'Adriatico ad Est del Gargano

Als es noch keine Billigflieger gab, erreichte man Inseln meistens mit dem Schiff. Ergänzen Sie die Sätze mit den Wörtern zum Thema Seeüberfahrt.

1. È più veloce del traghetto.
2. Il luogo di partenza e arrivo delle navi.
3. Guida la nave.
4. Le persone che viaggiano.
5. "La camera" nella nave

___ A Il capitano
___ B L'aliscafo
___ C La cabina
___ D Il porto
___ E I passeggeri

Viaggiare per mare

Sizilien erreicht man vom Festland aus auch mit der Bahn. In **Villa San Giovanni** werden die Züge in einzelne Wagons zerlegt und mit einer Fähre auf die Insel transportiert. Dort werden sie dann wieder zusammengefügt. Eine langwierige Prozedur, die den Bau der legendären Brücke von **Messina** herbeisehnen lässt. Dieses Bauwerk wird schon seit über 100 Jahren geplant, aber die Realisierung lässt noch auf sich warten.

Il Commissario Montalbano

Montalbano – der aus der Phantasie von **A. Camilleri** entsprungene Kommissar – gehört zu den beliebtesten Krimiprotagonisten Europas. Kennen Sie ihn auch? Kreuzen Sie die richtigen Antworten an.

1. Salvo Montalbano è...
☐ A un carabiniere in pensione.
☐ B un poliziotto.
☐ C un vigile urbano.

2. Montalbano abita...
☐ A in Corsica.
☐ B in Sardegna.
☐ C in Sicilia.

3. La sua passione, oltre al lavoro, è...
☐ A mangiare pesce.
☐ B andare in bicicletta.
☐ C andare all'opera.

4. Montalbano è...
☐ A single.
☐ B sposato.
☐ C fidanzato.

Isole e isolotti

Coniglio al mirto

Cartamusica nennt man das hauchdünne sardische Brot, das so kross ist, dass das Brechen oder Kauen ein sehr besonderes Geräusch, eine Art Musik produziert. Auf Sardisch trägt es den Namen *Pane carasau*. Eingeweicht in Tomatensauce und Pecorinokäse wird es zu einem köstlichen Auflauf (**pane frattau**).

Myrte ist ein Kraut, das viele sardische Gerichte aromatisiert oder als Likör begleitet. Hier ist ein typisches Rezept. Setzen Sie die fehlenden Zutaten an die richtige Stelle ein.

forno – carne – brodo – bicchiere – spicchi

Rosolate in olio 500 gr. di _____ **(1)** di coniglio a pezzi insieme a un rametto di mirto e 10 _____ **(2)** d'aglio.

Salate e bagnate con un _____ **(3)** di Vermentino e mettete in _____ **(4)** a 200° C per 45 minuti.

Ogni tanto bagnate la carne con del _____ **(5)** vegetale.

Servite caldo.

Colazioni insolite

In den heißen Monaten nimmt man in manchen Gegenden Siziliens ein erfrischendes Frühstück zu sich. Sardische Bauern dagegen brauchen einen deftigen Snack. Ordnen Sie die Zutaten dem jeweiligen Frühstück zu.

		Colazione siciliana estiva	Colazione dei contadini sardi (*Su Smurzu*)
1.	Salsiccia secca	☐	☐
2.	Ricotta fresca o formaggio	☐	☐
3.	Granita di limone	☐	☐
4.	Pane fresco o brioche	☐	☐
5.	Pane fatto in casa	☐	☐

Pantelleria

Die Insel vor der Tunesischen Küste hat einige Besonderheiten. Entdecken Sie diese, indem Sie die Satzteile kombinieren.

1. I capperi sono un ingrediente importante per le ricette...
2. Il Passito è un...
3. Il Dammuso è un'abitazione...
4. I Panteschi sono giardini...

___ A tipici con un recinto di pietre per proteggere le piante dal vento.

___ B tipica scavata nella roccia.

___ C tipico vino dolce dell'isola.

___ D tipiche mediterranee. Quelli di Pantelleria sono buonissimi!

Dominazioni in Sardegna

Finden Sie 9 Völker, die Sardinien im Laufe der Jahrhunderte eroberten und Spuren in der heutigen Kultur hinterließen.

Der Gesang der sardischen Männerchöre "Canto a tenore" gehört zu einer altehrwürdigen Tradition. Ihr landwirtschaftlicher Ursprung spiegelt sich in den Stimmen der Natur wider, die von den Sängern nachgeahmt werden: das Muhen der Rinder, das Heulen des Windes, das Blöken der Schafe.

S	Q	O	X	F	Z	P	J	F	W	P
C	A	R	T	A	G	I	N	E	S	I
S	R	N	L	G	H	S	M	N	S	E
J	A	M	S	Y	Y	A	Q	I	S	M
E	B	N	P	X	F	N	Q	C	S	O
B	I	Z	A	N	T	I	N	I	O	N
V	T	U	G	D	P	S	R	K	H	T
H	V	A	N	D	A	L	I	J	G	E
K	U	W	O	D	R	X	W	F	F	S
N	J	X	L	U	R	O	M	A	N	I
J	K	Y	I	U	W	X	C	V	K	P

KNOBELN & RÄTSELN

Ciao bello!

L'uomo italiano è...

Italienische Männer legen viel Wert auf ihr Erscheinungsbild. Kombinieren Sie die umgangssprachlichen Adjektive mit den Erläuterungen.

1. Abbronzato
2. Depilato
3. Griffato
4. Ingellato
5. Profumato
6. Rasato

A ___ È fissato con le griffe di moda.
B ___ Si fa la barba tutti i giorni.
C ___ Elimina i peli del corpo.
D ___ Prende il sole o si fa una lampada.
E ___ Si mette il gel nei capelli.
F ___ Usa il profumo.

Il maglioncino, den leichten Pullover, trägt der Italiener immer bei sich – besonders an lauen Sommerabenden. Der Klassiker um die Schultern wird variiert, indem der Knoten hinter dem Rücken gebunden wird. Die Ärmel können auch wie Socken ineinander gestülpt oder wie ein Schal um den Hals geschlungen werden, während der andere lässig frei hängt.

Status symbol

Damit gibt man gerne an! Finden Sie den Eindringling in der Liste dieser beliebten Status Symbole.

*Gefällt Ihnen ein Buch oder ein Film? Sagen Sie auf keinen Fall **„Questo libro/film è buonissimo"**, denn es klingt so, als hätten Sie daran geknabbert. Verwenden Sie stattdessen: **"bellissimo"** oder **"fatto/scritto benissimo"**. Sagen Sie **"bello"** wenn Sie „gut" und nicht „lecker" meinen. Dann machen Sie auch eine **bella figura**.*

1.
- ☐ A Il vestito di Armani
- ☐ B La biografia di Versace
- ☐ C Gli occhiali di Gucci
- ☐ D Le scarpe di Prada

2.
- ☐ A Il SUV
- ☐ B La Ferrari
- ☐ C La Tipo
- ☐ D La Mito

3.
- ☐ A Il televisore ultrapiatto 3D
- ☐ B Il climatizzatore
- ☐ C Il frigorifero americano
- ☐ D Il fon

4.
- ☐ A La casa popolare
- ☐ B La barca a vela
- ☐ C Il casale in Toscana
- ☐ D La villetta al mare

MENSCH & NATUR

Come spendono gli Italiani

Dafür geben die meisten Italiener ihr Geld aus und darauf verzichten Sie nur ungerne, selbst in Krisenzeiten! Verbinden Sie die Satzteile.

Gli Italiani...

1. mangiano...
2. vanno al lavoro...
3. comprano una...
4. vanno in vacanza...
5. si vestono...
6. vanno dall'...

___ A in macchina.
___ B bene.
___ C estetista.
___ D alla moda.
___ E 2 volte all'anno.
___ F casa.

Bellezza nell'arte

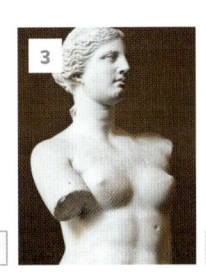

Das weibliche Schönheitsideal ist uns Jahrhunderte lang über die Kunst überliefert worden. Wie sah die perfekte Frau in den verschiedenen Epochen aus?

A Nell'età classica l'ideale di bellezza femminile era quello greco: naso dritto, forme rotonde, seni piccoli.

B Nel Medioevo la bellezza era spirituale. Il suo simbolo era una Madonna dai tratti nordici: snella, bionda e un po' pallida.

C Nel Rinascimento si celebra la giovinezza e la salute. Venere è una donna rosea e piuttosto in carne.

D Nel Settecento le icone di bellezza erano le regine e principesse, soprattutto francesi, che si truccavano e portavano parrucche.

Ciao bello!

Che bella sei!

"Ciao bello" oder "bella" ist nicht unbedingt ein Kompliment über die Schönheit der angesprochenen Person. "Una bella persona" ist meistens ein guter Mensch, ehrlich und selbstlos. Anders verhält es sich bei der "bella presenza", die nicht selten in Stellenanzeigen erwünscht ist. Der Kandidat soll nicht nur ein gepflegtes Erscheinungsbild mitbringen, sondern auch schön anzusehen sein!

Sie möchten jemandem Komplimente über sein hübsches Gesicht machen. Was sagen Sie? Ergänzen Sie die Sätze.

1. Che bei …
2. Che bella …
3. Che bel …
4. Che belle…
5. Che begli…

_3_ A viso!
_5_ B occhi!
_1_ C capelli!
_2_ D bocca!
_4_ E orecchie!

I paesaggi più belli

Hier ist eine kleine Auswahl der schönsten italienischen Landschaften. Ordnen Sie diese den Regionen zu. Die „versenkten" Buchstaben ergeben die Stadt mit der einzigartigsten Silouehette.

Lösungswort: __VENEZIA__

	A Sardegna	B Trentino	C Campania	D Toscana	E Lazio	F Puglia	G Liguria
_D_ 1. Crete Senesi	A	C	V	E	B	U	F
_A_ 2. Cinque Terre	G	Z	O	L	V	E	A
_O_ 3. Costiera Amalfitana	E	P	N	L	O	R	H
_V_ 4. Costa Smeralda	V	A	A	Y	G	D	B
_E_ 5. Dolomiti	C	E	S	U	I	F	O
6. Salento	E	R	B	O	S	I	L
7. Castelli Romani	U	T	L	B	Z	A	P

SPRACHE & MEHR

Modi di dire

Dem Körper begegnet man in vielen Redewendungen. Wie gehen die Sätze weiter? Die deutsche Entsprechung finden Sie in den Lösungen.

1. Lontano dagli occhi…
2. A caval donato…
3. Una mano…
4. Non alzare…
5. Avere la puzza…
6. Essere con la testa…

_2_ A non si guarda in bocca.
_1_ B lontano dal cuore.
_3_ C lava l'altra.
_4_ D un dito.
_6_ E tra le nuvole.
_5_ F sotto il naso.

Cruciverba con aggettivi

Lösen Sie das Kreuzworträtsel mit den passenden Adjektiven.

1. La chirurgia plastica o chirurgia…
2. Una modella non è mai grassa, ma…
3. Un uomo che si guarda sempre allo specchio è…
4. Un ragazzo con un tatuaggio è…
5. La minigonna è una gonna molto…
6. Gli uomini preferiscono le donne…
7. Un naso operato si dice anche…
8. Non proprio bello…
9. Molte donne portano i tacchi…
10. Una persona non stupida è…

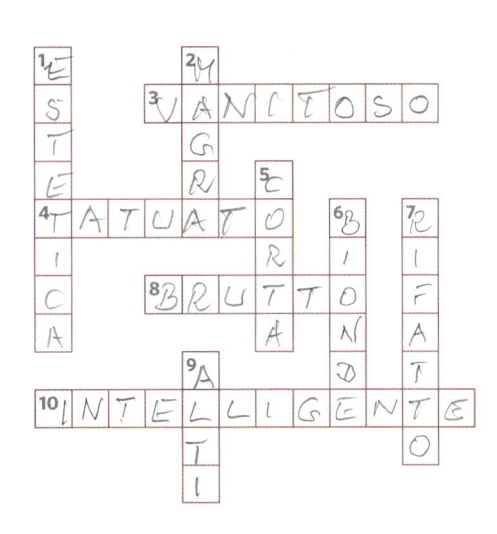

Crossword answers:
1. ESTETICA
2. MAGRA
3. VANITOSO
4. TATUATO
5. CORTA
6. BIONDE
7. RIFATTO
8. BRUTTO
9. ALTI
10. INTELLIGENTE

Lösungen

Il bel paese

S. 8

Numeri e fatti
1. E, **2.** A; **3.** B, **4.** C, **5.** D, **6.** H, **7.** I, **8.** F, **9.** G

Laghi d'Italia
Maggiore, Garda, Bolsena, Trasimeno, Como, Lugano, Iseo
Lösung: Specchio di Venere

> Venus' Spiegel nennt man den See auf der Insel **Pantelleria**. Die Geysire und der helle Sand, denen man therapeutische Wirkung nachsagt, locken jedes Jahr viele Touristen an. In der Hochsaison begegnet man dort graugrünen Gestalten, die sich mit Schlamm eingerieben haben, um eine göttlich glatte Haut zu bekommen.

S. 9

Tanti saluti da…?
1. C, **2.** H, **3.** E, **4.** A, **5.** B, **6.** D, **7.** F, **8.** G

S. 10

Vip italiani
1. G, **2.** D, **3.** A, **4.** J, **5.** F, **6.** B, **7.** H, **8.** C, **9.** I, **10.** E

S. 11

Turisti
1, 2, 6, 7, 8

> **Cameriere** sagt man heutzutage nicht mehr. Respektvoller ist die Ansprache **Scusi**? In dieses Fettnäpfchen treten aber selbst Italiener.

Cosa si dice?
1. B, **2.** C, **3.** B, **4.** C

La terra dei tesori

S. 12

Dov'è ?
1. J, **2.** E, **3.** C, **4.** I, **5.** B, **6.** D, **7.** A, **8.** G, **9.** F, **10.** H

I numeri uno
B Roma (ca. 2.800.000 Einwohner)
A Il Po (653 km)
C Il Lago di Como (410 m)
A Il Monte Bianco (4810 m)

S. 13

Le spiagge più belle
1. B, **2.** C, **3.** A, **4.** B

Il viaggio di Goethe
D, G, A, E, B, F, C, H

S. 14

Artisti
1. D, **2.** A, **3.** B, **4.** C, **5.** E

Regioni d'Italia
1. Valle d'Aosta, **2.** Piemonte, **3.** Lombardia, **4.** Veneto, **5.** Friuli-Venezia Giulia, **6.** Trentino-Alto Adige, **7.** Emilia-Romagna, **8.** Liguria, **9.** Toscana, **10.** Marche, **11.** Umbria, **12.** Lazio, **13.** Abruzzo, **14.** Molise, **15.** Campania, **16.** Puglia, **17.** Calabria, **18.** Basilicata, **19.** Sicilia, **20.** Sardegna

S. 15

Stili d'arte
1. Rinascimento, **2.** Greco-Romano, **3.** Gotico, **4.** Barocco, **5.** Bizantino, **6.** Neoclassico

Bellezze naturali
1. Mare, **2.** Cascate, **3.** Vulcano, **4.** Fiume, **5.** Monte, **6.** Isola
Lösungswort: Lago di Scanno

Ciak si gira!

S. 18
Prodotti del Nord-Est
1. D, **2.** E, **3.** B, **4.** C, **5.** A

Venezia
Vero: 1, 4, 5.
Falso: 2: es sind 364 Brücken, 3: Gondelwerften (**Squeri**) sind immer seltener, aber Gondeln werden nicht in China gebaut.
6: Viel Schlimmer! Die Häuser der **Sestieri** sind nach ihrer Entstehungszeit durchnummeriert!

S. 19
Celebrità
1. B, **2.** C, **3.** A

Cinema italiano
1. Ed, **2.** Ae, **3.** Ca, **4.** Ff, **5.** Bb, **6.** Dc

S. 20
Quiz Veneto
1. C, **2.** C, **3.** B, **4.** A

Carnevale
1. Venezia, **2.** carri, **3.** premio, **4.** bambini, **5.** dolci, **6.** romana, **7.** balli

S. 20
Quiz Veneto
1. C, **2.** C, **3.** B, **4.** A

Carnevale
1. Venezia, **2.** carri, **3.** premio, **4.** bambini, **5.** dolci, **6.** romana, **7.** balli

S. 21
Viva il gossip!
1. B, **2.** C, **3.** B, **4.** A; **Lösungswort:** ROSA

Film per tutti i gusti
1. C, **2.** E, **3.** A, **4.** D, **5.** B

Che si fa stasera?

S. 22
Tutti in piazza!
1. C, **2.** B, **3.** E, **4.** D, **5.** A, **6.** F

Cosa si fa in piazza?
2, 5, 9

S. 23
Una bella serata
1. A, **2.** F, **3.** C, **4.** B, **5.** D, **6.** E

Le sagre
1. B, **2.** C, **3.** A, **4.** D

S. 24
L'arte del flirt
1. AC, **2.** AB, **3.** BC, **4.** AB

Prenotare un tavolo
Prenotare, tavolo, sabato, persone, otto, nome, possibile, fuori, ringrazio

S. 25
Usciamo!
DIVERTIMENTO

Lo spritz
1. A, **2.** A, **3.** C, **4.** A

La mamma è sempre la mamma!

S. 28
Aziende famigliari
1. moda, **2.** pasta, **3.** design, **4.** gioielli, **5.** Automobili

Donne al potere
1. A, **2.** C, **3.** F, **4.** E, **5.** D, **6.** B

Lösungen

S. 29

Nord e Sud
Nord: 3, 4, 6, 7
Sud: 1, 2, 5, 8

La famiglia al cinema e nella letteratura
1. D, **2.** C, **3.** A, **4.** B

S. 30

Il ragù alla bolognese
1. cipolla, carota, **2.** pancetta, **3.** carne,
4. pepe, vino, **5.** pomodoro

Modi di dire
1. B, **2.** A, **3.** D, **4.** C

S. 31

L'albero di Matilde
1. Antonio, **2.** sorella, **3.** Irma e Marina,
4. cugino, **5.** zio, **6.** madre, moglie,
7. Chiara e Mirco

Parenti
1. D, **2.** B, **3.** A, **4.** C

Vieni via con me

S. 32

Quiz Piemonte
1. B, **2.** B, **3.** C, **4.** B, **5.** C, **6.** A

Re d'Italia
F Carlo Magno (774-814), E Federico I Barbarossa (1155-1190), C Federico II di Svevia (1212-1250), A Napoleone I (1805-1814), D Vittorio Emanuele II di Savoia (1861-1878), B Umberto I di Savoia (1878-1900)

S. 33

Rivalità
1, 3, 4, 7

Numeri e città
1. tre, **2.** cento, **3.** Mille, **4.** uno, **5.** quattro

S. 34

Vitello tonnato
D, F, C, E, A, B

Slow Food
1. qualità, **2.** giusto, **3.** gastronomiche,
4. piante, **5.** zero

S. 35

Mestieri
1. architetto, **2.** medico, **3.** pompiere,
4. presidente, **5.** pizzaiolo, **6.** principe,
7. insegnante, **8.** meccanico

Aromi
Prezzemolo, timo, salvia, basilico, rosmarino, alloro, origano
Lösungswort: Erbe aromatiche

La via dell'amore

S. 38

Le Repubbliche Marinare
1. A, **2.** A, **3.** C, **4.** B, **5.** A, **6.** C

Cristoforo Colombo
1. E, **2.** C, **3.** B, **4.** A, **5.** D

S. 39

In treno alle Cinque Terre
1. Manarola, Corniglia, **2.** UNESCO,
3. mare, **4.** stazione, **5.** secolo, **6.** gallerie

Velocità
F, D, A, E, B, C

S. 40

Il pesto alla genovese
1. aglio, basilico, olio, **2.** pinoli,
3. parmigiano, pecorino

Mi piaci!
4. „Gli voglio tanto bene" kann sich nicht auf Essen beziehen.

S. 41

Coppie famose
Antonio e Cleopatra
Romeo e Giulietta
Paolo e Francesca: Ein Paar aus Dantes Divina Commedia, das seine uneheliche Liebe mit dem Tod bezahlte.
Giuseppe e Anita Garibaldi: Der Held der italienischen Vereinigung liebte eine mutige Brasilianerin, deren abenteuerliches Leben seinem in nichts nachstand.
Alberto Moravia e Dacia Maraini: Das Literatentraumpaar der 60er Jahre. Für sie verließ er eine andere berühmte Schriftstellerin, Elsa Morante.
Lösungswort: BACIO

Latin Lover
Vero: 2, 3, 4, 5. **Falso:** 1 Laut einer Umfrage unter Touristinnen aller Welt belegen die Italiener „nur" den dritten Platz nach Spanien und Brasilien.

Canta che ti passa

S. 42
Cantanti
1. E, **2.** A, **3.** C, **4.** D, **5.** B

Il Festival di Sanremo
C, B, B, A

S. 43
Generi musicali e balli tipici
1. AB, **2.** AC, **3.** AB

Classici
1. B, **2.** D, **3.** A, **4.** C

S. 44
Biglietti
1. Aida, **2.** galleria, **3.** prezzi, **4.** economico, **5.** fila, **6.** bene, **7.** ora, **8.** grazie, **9.** ArrivederLa

Secondo me...
1. B, **2.** B, **3.** A

Achtung: Bene ist ein Adverb, das eine Handlung (ein Verb) beschreibt. **Buono** und **bravo** sind beide Adjektive, die ein Nomen beschreiben. Dabei bedeutet **buono** „lecker" oder „gutmütig", **bravo** dagegen bezieht sich auf eine Leistung z.B. „gut in der Schule sein" **Essere bravi a scuola**.

S. 45
Strumenti musicali
Violino, flauto, chitarra, contrabbasso, batteria, basso, pianoforte
Lösungswort: Scacciapensieri

Modi di dire
1. D *Jetzt ist es viel besser!*
2. B *Der Ton macht die Musik!*
3. E *Das gefällt mir besonders gut!*
4. A *Schief singen.*
5. C *Das steht Schwarz auf Weiß.*

Sempre caro mi fu...

S. 48
Emilia-Romagna e Marche
A Musicisti, B Città, C Scrittori, D Marchi di moda, E Vini

Motori
Automobili: Ferrari, Lamborghini, Maserati
Motociclette: Ducati, Malaguti, Morini

S. 49
Maria Montessori
1. nasce, **2.** Studia, **3.** lavora, **4.** apre, **5.** pubblica, **6.** Muore, **7.** diventa

Sistema scolastico
1. B, **2.** E, **3.** C, **4.** A, **5.** F, **6.** D

Lösungen

1

Das Diplom, also der Universitätsabschluss, heißt auf Italienisch **Laurea**, was seinen Ursprung im Lorbeerkranz der Antike (Altitalienisch **Lauro**) hat. Mit **Diploma** meint man den Abschluss einer beliebigen weiterführenden Schule. Und im Übrigen alle, die zu Ende studiert haben, dürfen sich in Italien **dottore** nennen!

S. 50

Parmigiano & Co.
1. Basilikumsoße aus Genua (Ligurien), **2.** Fischsuppe aus Livorno (Toskana), **5.** Safranrisotto aus Mailand (Lombardei)

Ricette tipiche
1. melone, **2.** prosciutto, **3.** parmigiana, **4.** brodo, **5.** forno, **6.** ricotta e spinaci, **7.** ragù

S. 51

Feste
1. Compleanno, **2.** Matrimonio, **3.** Capodanno, **4.** Natale

Cosa si dice?
1. B, **2.** C, **3.** C, **4.** A

Zum Anstoßen benutzt man den Spruch aus dem englischsprachigen Raum, der wiederum von den Chinesen übernommen wurde. Üblich sind aber auch (**alla**) **Salute!** oder auch das lateinische „**prosit!**". Einem Studenten viel Glück für seine Prüfung zu wünschen, ist ein unverzeihlicher Fauxpas. Man wünscht ihm „ins Maul des Wolfes" zu gelangen (**In bocca al lupo**). Aber Vorsicht: Sich zu bedanken, bringt Unglück! Die richtige Antwort ist **crepi il lupo**, „der Wolf soll krepieren".

Non solo pizza!

S. 52

Menù
1. D, **2.** A, **3.** B, **4.** E, **5.** C

Abitudini italiane a tavola
Vero: 2, 3, 6. **Falso:** 1, 4, 5

S. 53

Piatti regionali
1. A, **2.** E, **3.** F, **4.** D, **5.** C, **6.** B

Formati di pasta
1. C, **2.** D, **3.** A, **4.** B

S. 54

Cosa si dice?
1. ACB, **2.** CAB, **3.** BCA, **4.** CAB, **5.** BAC, **6.** ACB

Pasti tipo
8:00 **6.** D, 10:30 **5.** A, 13:00 **1.** C, 16:00 **4.** B, 19:00 **2.** F, 20:00 **3.** E

S. 55

Puttanesca
1. aglio, **2.** acciughe, **3.** capperi, **4.** olive, **5.** olio, **6.** pomodoro, **7.** prezzemolo

Con le mani
Pizza, pollo, carciofi, frutta, cono gelato, rane fritte, cozze, gamberoni, crudité, tartine
Lösung: Chi mangia da solo si strozza.
Wer alleine isst, verschluckt sich.

Nel mezzo del cammin…

S. 58

Quiz Toscana
1. E, **2.** A, **3.** D, **4.** C, **5.** B

Gli Etruschi
Vero: 1, 2, 3, 5, 6. **Falso:** 4, 7

S. 59

Letteratura italiana
1. D, **2.** E, **3.** C, **4.** B, **5.** F, **6.** G, **7.** A

Vini tipici
1. Piemonte **2.** Veneto, **6.** Emilia-Romagna

S. 60

Feste toscane
1. lanterne - Arno, **2.** primavera - bambini, **3.** palio - Pisa - turisti

Bella Toscana
1. B, **2.** C, **3.** A, **4.** D

S. 61

Leggere è bello
Libro, biblioteca, occhiali, romanzo, autore, lampada, poeta, pagina, libreria, poltrona
Lösungswort: Topo di biblioteca
(Bibliothekenmaus)

Tempo libero
1. Guardare la TV. **2.** Ascoltare la musica. **3.** Andare al cinema. **4.** Uscire con gli amici. **5.** Giocare a scacchi. **6.** Non fare niente. **7.** Fare le pulizie di casa. **8.** Cucinare una specialità.

Il cuore verde

S. 62

Quiz Umbria
1. B, **2.** C, **3.** A, **4.** C

Curiosità
1. B, **2.** C, **3.** E, **4.** A, **5.** D

S. 63

Vita di San Francesco
3, 6, 7, 1, 4, 8, 5, 2

Quiz Abruzzo
1. A, **2.** C, **3.** A, **4.** C

S. 64

Tesori del Centroitalia
1. C, **2.** B, **3.** D, **4.** A

Trekking sull'Appennino
1. passeggiata, **2.** andata, **3.** 3 ore, **4.** parcheggio, **5.** 1 km, **6.** qui, **7.** valle, **8.** 1.590, **9.** neve

S. 65

Menù
1. G, **2.** D, **3.** B, **4.** C, **5.** E, **6.** H, **7.** F, **8.** A

Strozzapreti also "Priesterstrangulierer" sind typische hausgemachte Nudeln aus Mittelitalien und der **Emilia-Romagna**. Woher genau der Name kommt, ist ungewiss. Sicher ist allerdings, dass diese Regionen traditionell unter dem Kirchenstaat litten und sich daher auch in der Küche einen kleinen Spaß gegen die örtlichen Geistlichen erlaubten.

Animali
Animali di montagna: lupo, orso, cervo, stambecco, cinghiale
Animali che volano: fagiano, farfalla, falco
Animali d'acqua: trota, rana

Quanto sei bella Roma

S. 68

Romolo & Co.
1. G, **2.** E, **3.** C, **4.** B, **5.** A, **6.** D, **7.** F

Roma e il fascismo
Vero: 1, 2, 3, 5 **Falso:** 4, 6

Faschistische Bauwerke haben in der italienischen Architektur eine Berechtigung gefunden, zumal der **Duce** ganze Städte errichten ließ. Aber auch Denkmäler genießen einen historischen Schutz – mit der Argumentation, dass viele Herrscher aus der Vergangenheit, z.B. die römischen Kaiser, nicht weniger verbrecherisch gehandelt hätten.

S. 69

Gli antichi Romani
1. A, **2.** A, **3.** A, **4.** B, **5.** C, **6.** B

Cosa fare a Roma
3 (Milano), 7 (Venezia)

Lösungen

S. 70

Non solo Roma
1. E, 2. D, 3. A, 4. C, 5. B

Stranezze
1. C, 2. D, 3. A, 4. E, 5. B

Die Steigung von **Ariccia** ist kein geologisches Phänomen sondern, wie Wissenschaftler herausgefunden haben, eine optische Täuschung: auf einer abfallenden Strecke folgt ein ebenes Stück, das in den Augen des Betrachters nach oben zu gehen scheint.

S. 71

Cosa si dice?
1. A, 2. C. 3. C, 4. A

Informazioni utili
1. B, 2. A, 3. C, 4. D

Ma è una mania!

S. 72

Nuove e vecchie manie
2 stimmt nicht. Die Italiener sind sogar auf dem ersten Platz!

Mania dell'igiene
Vero: 1, 3, 4, 5, 7. **Falso:** 2, 6, 8

Die Zahl 13 ist in Italien eine Glückszahl. Die Pechzahl ist eher die 17, die in Kombination mit dem Freitag besonders verhängnisvoll sein soll.

S. 73

Gioco d'azzardo
1. B, 2. A, 3. E, 4. D, 5. C

Che pulito!
1. C, 2. D, 3. A, 4. B, 5. D, 6. B

S. 74

Che (s)fortuna!
☺ B, D, G
☹ A, C, E, F

Così no!
1. B, 2. C, 3. C, 4. A, 5. A, 6. A

S. 75

Parolacce
1. A, 2. E, 3. B, 4. C, 5. D

Modi di dire
1. D *Körpergröße ist halbe Schönheit.*
2. C *Wer schön erscheinen will, muss ein wenig leiden.*
3. A *Bacchus, Tabak und Venus machen den Mann zu Asche.*
4. E *Wer „Frau" sagt, sagt gleichzeitig Schaden.*
5. B *Frau mit Oberlippenbart hat schon immer gefallen.*

Ah che bello 'o cafè

S. 78

Quiz Campania
Città: 1, 2, 6; **Isola:** 4, 5, 8;
Altro: 3 (Ausgrabungen), 7 Vesuvio (Vulkan)

Il Regno delle Due Sicilie
1. D, 2. C, 3. B, 4. A, 5. E

S. 79

Che traffico!
1. Semafori inutili, 2. Ambulanza bloccata, 3. Multe non pagate, 4. Cinture di sicurezza, 5. Casco obbligatorio?

Rote Ampeln werden von Rechtsabbiegern häufig ignoriert, Fußgängerampeln werden dagegen tatsächlich als überflüssig angesehen. Es kann aber auch durchaus passieren, angehupt zu werden, wenn man bei Rot angehalten hat.

Segnali stradali
1. B, 2. C, 3. A

S. 80

Da non perdere!
1. Napoli sotterranea, 2. La Reggia di Caserta, 3. Pompei ed Ercolano, 4. Amalfi e Positano, 5. Capri

Numeri fortunati
63, 65, 81, 11, 55

La Smorfia (wörtlich: *die Grimasse*) ist eine traditionelle Deutungslehre von Träumen. Die bekannteste ist die Neapolitanische. Trauminhalte werden dort bestimmten Zahlen zugeordnet, die dann im Lotto gespielt werden können. In Süditalien glaubt man u. a., dass Tote ihren Angehörigen im Traum erscheinen, um ihnen die Zukunft vorherzusagen oder sogar Tipps für das Lottospielen zu geben. In diesem Fall ist die Gewinnzahl 48, „**morto che parla**".

S. 81

Il caffè
1. B, 2. C, 3. A, 4. B, 5. A, 6. C.

"**Ah che bello 'o cafè!**" Ein Genueser verhalf 1990 dieser Zeile eines alten Liedes zu nationalem Erfolg. **Fabrizio de André** ironisiert über das Kaffeetrinken, das alle Sorgen vertreibt: Der Gefängniswärter **Pasquale** bietet **Don Raffaé** dem inhaftierten Camorraboss einen perfekten **caffè** und biedert sich bei diesem an.

La pizza napoletana
1. B, 2. D, 3. A, 4. C

Quattro stagioni hat viele Varianten: Salami statt Kochschinken, Büffelmozzarella, statt dem üblichen Kuhkäse, Oliven sind kein Muss. Sind die Zutaten der **quattro stagioni** nicht in Vierteln geordnet sondern chaotisch verstreut, dann ist es eine „zickige" **pizza**, eine **capricciosa**.

Forza azzurri!

S. 82

Quiz Sport
1. A, 2. C, 3. B, 4. A, 5. A, 6. B

Squadre doppie
1. CH, 2. DF, 3. AG, 4. BE

S. 83

Sport in TV
1. Formula 1, 2. Ciclismo, 3. Pallacanestro, 4. Pallavolo

Gli italiani e lo sport
Vero: 3, 5, 6, 7. **Falso:** 1 (34 Millionen Italiener treiben Sport, ca. 50%), 2 (Der Lieblingssport der Italiener ist Fußball, 41%), 4

S. 84

Campioni
Deborah Compagnoni - Valentino Rossi - Gianluigi Buffon - Federica Pellegrini - Carolina Kostner

Palla o pallina?
1. C, 2. A, 3. B

S. 85

Stampa italiana
1. La Gazzetta dello Sport, 2. Corriere dello Sport, 3. TUTTOSPORT

CORRIERE DELLA SERA, la Repubblica, Il Messaggero, il Giornale, LA STAMPA, Il Sole 24 Ore, Avvenire, l'Unità, Il TEMPO, il manifesto, Liberazione

Gol!
1. Fischio, 2. Squadra, 3. Gol, 4. Partita, 5. Arbitro, 6. Maglia, 7. Rigore, 8. Palo, 9. Calcio, 10. Fallo

Lösungen

Tacco e Punta

S. 88

Quiz Puglia e Calabria
1. B, **2.** C, **3.** B, **4.** B, **5.** C, **6.** B

Federico II di Svevia
Vero: 1, 2, 4, 6. **Falso** 3, 5

Friedrich II von Hohenstaufen sollte nicht mit Friedrich II von Preußen verwechselt werden, der Sansouci erbauen ließ. Der apulische Friedrich ließ zahlreiche Schlösser bauen. Das berühmteste ist ein beeindruckender achteckiger Bau namens **Castel del Monte**. Der König war alles andere als Analphabet: Er war ein talentierter Dichter und schrieb eine wissenschaftliche Abhandlung über die Jagd mit Greifvögeln.

S. 89

Pizzica e Taranta
1. danza, **2.** tarantola, **3.** malattia, **4.** musica, **5.** tradizione, **6.** feste

Personaggi famosi
1. A, **2.** D, **3.** B, **4.** E, **5.** C

S. 90

Specialità del Sud
1. E, **2.** B, **3.** A, **4.** C, **5.** D

Piccantissimo!
Lista della spesa: melanzane, peperone, prezzemolo, olio, origano, capperi, peperoncini, sale

S. 91

Mafie varie
1. Cosa Nostra, **2.** 'Ndrangheta, **3.** Camorra, **4.** Sacra Corona Unita, **5.** Basilischi

Numeri
1. Cinque, **2.** Sette, **3.** Nove, **4.** Tre, **5.** Otto
Lösung: Cento: uno tiene la lampadina e 99 girano la casa. *(100: Einer hält die Birne fest, 99 drehen das Haus).*

Un posto al sole!

S. 92

Export
1. C, **2.** D, **3.** B, **4.** B

Il mondo del lavoro
1. C, **2.** E, **3.** A, **4.** B, **5.** D

S. 93

Vacanze italiane
1. mare - **2.** montagna - **3.** estero - **4.** lunghi - **5.** trend - **6.** aereo

Mit "settimana bianca" ist der Skiurlaub gemeint, der meistens ungefähr eine Woche dauert. z. B.: **In gennaio andiamo in settimana bianca a Cortina.**

In valigia
Mare: 1, 3, 4. **Montagna:** 5, 6, 8. **Città:** 2, 7

S. 94

Proverbi Meteo
1. F *April süßer Schlaf. - Ein Hinweis auf die Frühjahrsmüdigkeit.*
2. A *Abendrot Schönwetterbot.*
3. E *Lämmerwolken (bringen) strömenden Regen.*
4. B *Verrückter März an einem Tag ist schlechtes am nächsten schönes Wetter. - In Deutschland kommt der verrückte Monat etwas später „April April macht was er will".*
5. C *Eine Schwalbe macht noch keinen Sommer. - In Italien kommen Zugvögel früher, daher deutet ihre Anwesenheit auf den Frühling hin.*

6. D *Mitte August fängt der Winter schon an.* - Man sollte also nicht mehr mit Sommerhitze rechnen. Als Deutscher sollte man diesen Spruch allerdings nicht allzu ernst nehmen! Es geht hier höchstens um harmlose Schauer!

Che tempo fa?
1. C, **2.** D, **3.** B, **4.** A

S. 95

Giorni festivi
1. C, **2.** E, **3.** D, **4.** F, **5.** G, **6.** B, **7.** A

Achtung! **Giorni feriali** haben mit Ferien nicht zu tun, sondern sind ganz normale Werktage. Feiertage nennt man dagegen **festivi**.

Energia solare & Co.
1. E, **2.** B, **3.** A, **4.** D, **5.** C
Lösungswort: FERMI

Der römische Physiker **Enrico Fermi** machte wichtige Entdeckungen in der Experimentalphysik. Nach ihm sind Elementarteilchen (**Fermionen**) und ein chemisches Element (*Fermium*) benannt. Er trug entscheidend zur Entwicklung der Atombombe bei. 1938 erhielt er den Nobelpreis.

Isole e isolotti

S. 98

Quiz isole
1. C, **2.** B, **3.** A, **4.** A

Piemont hat zwar keinen Meerzugang aber 5 Inseln: Es handelt sich um die **Isole Borromee** (**Isola Madre, Isola Bella, Isolino San Giovanni, Isola dei Pescatori, Scoglio della Malghera**), welche im **Lago Maggiore** liegen.

Lampedusa (35. Breitengrad) gehört mit **Pantelleria** rein geographisch zum afrikanischen Kontinent.

Piccoli Arcipelaghi
1. C, **2.** F, **3.** D, **4.** A, **5.** B, **6.** E

S. 99

Viaggiare per mare
1. B, **2.** D, **3.** A, **4.** E, **5.** C

Il Commissario Montalbano
1. B, **2.** C, **3.** A, **4.** C

Montalbanos Leidenschaft für Fischgerichte machte Schlagzeilen, als die EU-Kommissarin Maria Damanaki 2012 in einem offenen Brief den Autor **Camilleri** rügte, weil sein Held **Pasta** mit **Novellame** (Fischbrut) liebt, die im Mittelmeer eigentlich verboten ist.

S. 100

Coniglio al mirto
1. carne, **2.** spicchi, **3.** bicchiere, **4.** forno, **5.** brodo

Colazioni insolite
Colazione siciliana estiva: 3, 4
Colazione dei contadini sardi (*Su Smurzu*): 1, 2, 5

S. 101

Pantelleria
1. D, **2.** C, **3.** B, **4.** A

Dominazioni in Sardegna
Waagerecht: Cartaginesi, Bizantini, Vandali, Romani
Senkrecht: Arabi, Spagnoli, Pisani, Fenici, Piemontesi

Lösungen

Ciao bello!

S. 102

L'uomo italiano è...
1. D, **2.** C, **3.** A, **4.** E, **5.** F, **6.** B

Statussymbol
1. B, **2.** C, **3.** D, **4.** A

S. 103

Come spendono gli italiani
1. B, **2.** A, **3.** F, **4.** E, **5.** D, **6.** C

Bellezza nell'arte
1. B, **2.** C, **3.** A, **4.** D

S. 104

Che bella sei!
1. C, **2.** D, **3.** A, **4.** E, **5.** B

I paesaggi più belli
1. D, **2.** G, **3.** C, **4.** A, **5.** B, **6.** F, **7.** E
Lösungswort: Venezia

S. 105

Modi di dire
1. B *Aus den Augen aus dem Sinn.*
2. A *Einem geschenkten Gaul schaut man nicht ins Maul.*
3. C *Eine Hand wäscht die andere.*
4. D *Keinen Finger rühren.*
5. F *Hochnäsig sein.*
6. E *Ein Hans-guck-in-die-Luft sein.*

Cruciverba con aggettivi
1. estetica, **2.** magra, **3.** vanitoso, **4.** tatuato, **5.** corta, **6.** bionde, **7.** rifatto, **8.** brutto, **9.** alti, **10.** intelligente

A

abbondante	üppig
abbronzato	gebräunt, braungebrannt
l'abitante (m./f.)	Einwohner/in
l'abitazione scavata nella roccia	Wohnhöhle
accettare	akzeptieren
l'acciuga	Sardelle, Anchovis
accompagnare	begleiten
adorare	anhimmeln, abgöttisch lieben
l'aereo	Flugzeug, Flieger
l'affettato	Aufschnitt
aggiungere	hinzugeben
aiuto!	Hilfe!
l'albero	Baum
l'aldilà (m.)	Jenseits
l'alice (f.)	Sardelle, Anchovis
gli alimentari (Pl.)	Lebensmittel (Pl.)
allergico	allergisch
l'alloro	Lorbeerblatt
almeno	mindestens
alpino	Alpen-
l'altezza	Höhe, Körpergröße, Hoheit
alto	Hoch, groß
alzare	heben
amabile	lieblich, liebenswert
l'amante (m./f.)	Liebhaber/in
amaro	bitter
l'ambulanza	Krankenwagen
l'analfabeta (m./f.)	Analphabet /in
ancora	noch, noch einmal
l'andata	Hinweg, Hinfahrt
l'animale (m.)	Tier
antiautoritario	antiautoritär
antico	alt, antik
apparire	erscheinen
l'applauso	Applaus
l'appuntamento	Verabredung, Termin
aprire	öffnen, eröffnen
arancione	orange
l'arbitro	Schiedsrichter
l'arcipelago	Archipel, Inselgruppe
l'arredamento	Möbel, Einrichtung
arrogante	arrogant, anmaßend
l'arrosticino	kleiner Lammspieß aus Mittelitalien
l'artista (m./f.)	Künstler
ascoltare	zuhören
l'asilo nido	Kinderkrippe
l'asino	Esel
l'aspirapolvere (m.)	Staubsauger
l'associazione (f.)	Verein
l'ateo	Atheist
l'atomo	Atom
l'attacco	Attacke, Angriff
attenzione!	Vorsicht! Achtung!
attore comico	Komiker
attraversare	durchfahren, überqueren
l'augurio	Glückwunsch
l'autografo	Autogramm
l'automobile (f.)	Auto
l'autostrada	Autobahn
Avanti!	Vorwärts! Herein!
l'avvocato (m./f.)	Rechtsanwalt/-anwältin
l'azienda	Unternehmen
l'azione (f.)	Aktion, Handlung
azzurro	Himmelblau

B

il Babà (al rum)	Neapolitanisches Hefeteiggebäck mit Rum
baffuto	mit Oberlippenbart
bagnare	nass machen, ablöschen (mit Wein)
il bagno	Bad
balcanico	Balkan-
la balena	Walfisch
ballare	tanzen
il ballo	Tanz
il bambino	Kind (0-12Jahre)
la barba	Bart
farsi la barba	sich (den Bart ab)rasieren
il barbiere	Barbier, Herrenfrisör
la barca	Boot
la barca a vela	Segelboot
la basilica	Basilika
il basilico	Basilikum
il basso	Bassgitarre
bastare	genügen
la batteria	Schlagzeug
bello	schön
benedetto	gesegnet, geweiht
il benessere	Wohlbefinden, Wohlstand
il bergamasco	Einwohner oder Dialekt aus Bergamo
il berretto	Mütze
la bevanda	Getränk
bianco	weiß
la biblioteca	Bibliothek
la bicicletta	Fahrrad
la biodiversità	Biodiversität
la biologia	Biologie
biondo	blond
il biscotto	Keks
bloccato	blockiert, feststeckend
la bocca	Mund
il bombardamento	Bombardement
il borgo	historisches Dorf
la braciola	Kotelett
la brasilena	Koffeinhaltige Brause
la brioche	Hefegebäck
il brodo	Brühe
bruciato	verbrannt, angebrannt
brutto	hässlich, schlecht (Wetter)
il buco	Loch

Wortverzeichnis

	Buon compleanno!	Alles Gute zum Geburtstag!
	Buona fortuna	Viel Glück!
la	burrata	Frischkäse aus Apulien
	buttare	werfen
il	buttero	berittener Hirt, Cowboy

C

la	caccia	Jagd
il	cacciucco	toskanische Fischsuppe
il	cacio	(dialekt.) Käse
il	caffè americano	extra langer Kaffee (wie Filterkaffee)
il	caffè lungo	langer Espresso
la	caffettiera	italienische Kaffeekanne
	calabrese	kalabresisch
il	calcio	Fußball
		Tritt, (An-)Stoß (beim Fußball)
la	camera	Zimmer
il	cammino	Weg, Pfad
la	campana	Glocke
il	campione	Meister, Champion
la	campionessa	Meisterin, Siegerin
la	candelina	Geburtstagskerze
il/la	cantante	Sänger/in
la	canzone	Lied, Song
la	capitale	Hauptstadt
il	capo	Chef, Haupt-
il	Capodanno	Silvester, Neujahr
il	capoluogo	(Regionen- oder Provinzen-)Hauptstadt
la	cappella	Kapelle
il	cappero	Kaper
il	carcere	Gefängnis
il	carciofo	Artischocke
	carico	beladen, stark
la	carota	Möhre, Karotte
il	carro	Wagen
la	carta	Papier, Karte
la	cartina	Stadtplan, Landkarte
il	casale	Landhaus
la	cascata	Wasserfall
il	casco	Helm
il	casello autostradale	Mautstelle
il	cassetto	Schublade
il	castello	Schloss
a	catinelle	in Strömen (regnen)
	cattolico	katholisch
la	cauzione	Kaution
il	cavallo	Pferd
il	cazzo (vulg.)	Schwanz (vulg.)
	celebrare	feiern, zelebrieren
	certo/certamente	gewiss, natürlich
il	cervello	Gehirn
il	cervo	Hirsch
	chiacchierare	plaudern
la	chiesa	Kirche
il	chilometro	Kilometer
la	chirurgia	Chirurgie
la	chirurgia estetica	Schönheitschirurgie
la	chirurgia plastica	plastische Chirurgie
la	chitarra	Gitarre
le	ciabatte infradito	Flipflops (Pl.)
il	cielo	Himmel
	Cin Cin!	Prost!
il	cinema	Kino
il	cinghiale	Wildschwein
la	cintura	Gurt, Gürtel
la	cintura di sicurezza	Sicherheitsgurt
il	cioccolato	Schokolade
il	cipresso	Zypresse
	circa	circa, ungefähr
la	città	Stadt
la	cittadina	Städtchen
	classico	klassisch
il	climatizzatore	Klimaanlage
la	clinica	Klinik
il	cognome	Nachname
la	colazione	Frühstück
il	colle	Hügel
	collegare	verbinden
	combattere	kämpfen
	comico	komisch, lustig
	cominciare	beginnen, anfangen
il	compleanno	Geburtstag
il	compositore	Komponist
il	concerto	Konzert
	condito	angerichtet, mit Sauce
il	confetto	Konfekt
il	coniglio	Kaninchen
il	cono gelato	Eistüte
il	contadino	Bauer, Landarbeiter
	contenere	beinhalten
il	contesto	Kontext, Zusammenhang
il	contrabbasso	Kontrabass
	contro	gegen
il	controllo elettronico della velocità	Geschwindigkeitskontrolle
la	coppia	Paar
il	corpo	Körper
il	corridoio	Korridor, Flur
il	corso	Kurs
il	corso di laurea	Studiengang
la	cortigiana	Kurtisane
	corto	kurz
	cosiddetto	sogenannt
la	costa (di sedano)	(Sellerie-)Staude
il	costume	Tracht, (Karnevals-)Kostüm
il	costume da bagno	Badeanzug, Badehose
la	cozza	Miesmuschel
	crescere	wachsen, steigen
	criminale	kriminell
il	crimine	Verbrechen
la	crisi	Krise
la	crociata	Kreuzgang
la	crociera	Kreuzfahrt
la	crocifissione	Kreuzigung

	crudo	roh	esistere	existieren
che	due palle! (vulg.)	Wie nervig!	l'esperto	Experte
il	cugino	Cousin, Vetter	l'esplosione	Explosion
	cuocere	kochen, garen	espresso	ausdrücklich, Eil-, Express-
	curare	pflegen	l'espresso	Espresso, Expresszug
			est	Ost
			l'estate	Sommer
			l'estero	Ausland

D

il	dadino	kleiner Würfel
il	danno	Schaden
	debole	schwach
il	deca (decaffeinato)	entkoffeinierter Espresso
	decorare	dekorieren
il	dente	Zahn
al	dente	bissfest
il	dentifricio	Zahnpasta
il	dentista	Zahnarzt
	dentro	hinein, drinnen
	depilato	epiliert
	dialettale	dialektal
	dichiarare	erklären
la	discoteca	Diskothek
	discreto	mäßig, dezent, diskret
la	distanza	Distanz, Entfernung
le	dita (Pl.)	Finger (Pl.)
il	dito	Finger
la	dittatura	Diktatur
il	divano	Couch, Sofa
	diventare	werden
	diversi	einige, diverse
la	doccia	Dusche
il	dolce	Süßgebäck, Süßigkeit
	dolce	süß
il	dolore	Schmerz
la	domanda	Frage
	donare	schenken, spenden
la	donna	Frau
	dormire	schlafen
	dritto	gerade, geradeaus
	ducale	Herzogs-
	durante	während

E

	eccentrico	ekzentrisch
	Ecco a Lei.	Bitte schön. (wörtlich: hier haben Sie das)
l'	eco (f.)	Echo
l'	economia	Wirtschaft(-swissenschaft)
	economico	preisgünstig, billig
	eliminare	entfernen
	emozionante	bewegend
	eolico	Wind-
l'	epilessia	Epilepsie
l'	epoca	Epoche
in	epoca...	zu ... Zeiten
l'	eruzione	Ausbruch
	esatto/esattamente	genau, exakt
	esclusivo	exklusiv, luxuriös

l'	estetista	Kosmetikerin
	estivo	sommerlich, Sommer-
l'	età classica	Antike
l'	etrusco	Etrusker
	eventuale	eventuell, möglich

F

la	fabbrica	Fabrik
	fabbricare	herstellen
il	fagiano	Fasan
il	falco	Falke
il	fallo	Faul, Phallus
	famoso	berühmt
la	fantascienza	Science Fiction
	fare ordine	aufräumen
la	farfalla	Schmetterling
il	farro	Dinkel
il	fegato	Leber
	Felicitazioni!	Gratulation!
il	Ferragosto	15. August (Feiertag)
il	ferro	Eisen
la	festa	Fest
	festeggiare	feiern
	fidanzato	verlobt
il	figlio	Kind, Sohn
	Figlio di puttana!	Hurensohn
il	figlio unico	Einzelkind
il	filo interdentale	Zahnseide
la	filosofia	Philosophie
a non	finire	ohne Ende, uneingeschränkt
	fino (a)	bis
il	fiore	Blume
la	(bistecca) fiorentina	florentinisches Steak
	fiorentino	florentinisch
il	fischio	Pfiff
	fissato	fixiert
il	fiume	Fluss
il	flash	(Foto-)Blitz
il	flauto	Flöte
la	foglia	(Pflanzen-)Blatt
il	fon	Föhn, Haartrockner
	fondare	gründen
il	fondatore	Gründer
la	fontana	Brunnen
la	fontanella	kleiner Brunnen
la	forchetta	Gabel
la	forma	Form
	essere formato da	bestehen aus
le	forme rotonde	kurvige Figur
il	forno	Ofen

Wortverzeichnis

la	fortezza	Festung
il	frate	Mönch
il	fratello	Bruder
	freddo	kalt, kühl
il	frigorifero	Kühlschrank
	fritto	frittiert, gebraten
	frizzante	mit Kohlensäure (Wasser)
il	frullatore	Mixer
la	frutta secca	getrocknete Früchte, Nüsse
la	fuga	Flucht
il	fuoco d'artificio	Feuerwerk
a	fuoco lento	auf kleiner Flamme
	fuori	draußen, auswärts
il	futuro	Zukunft

G

la	gabbia	Käfig
la	galleria	Rang (Theater), Tunnel
la	gallina	Huhn, Henne
il	gamberone	Riesengarnele
i	genitori (Pl.)	Eltern
	geotermico	Erdwärme-
il	ghiaccio	Eis, Eiswürfel
la	ghisa	Gusseisen
	giallo	gelb
il	giallo	Krimi
il	giardino	Garten
	gigantesco	riesig, gigantisch
	giocare a carte	Karten spielen
	giocare a pallone	(Fuß-)Ball spielen
i	giochi olimpici (Pl.)	olympische Spiele
il	gioco di squadra	Mannschaftsspiel
il/la	giornalista	Journalist/in
la	giostra	mittelalterliches Turnier, Karussell
il	giovane	Jugendlicher
la	giovinezza	Jugend
	girare	drehen, abbiegen
il	giro	Runde, Fahrt
la	giuria	Jury
il	giustizia	Justiz, Gerechtigkeit
	giusto	richtig, fair
lo	gnocco	Knödel
il	gol	Tor(schuss)
il	golfo	Bucht, Golf
la	gondola	Gondel
il	gossip	Klatsch und Tratsch
la	granita	fein gestoßenes Wassereis
	grasso	dick, fettleibig, fettig
il	gratta e vinci	Rubbellos
	griffato	markenbewusst, mit Designerlogo
la	griffe	Modemarke, Designerlogo
	grigio	grau
il	grillo	Grille
	grosso	dick, grob
	guidare	fahren, führen, steuern
	gustare	kosten

I

	ideale	Ideal
	idroelettrico	hydroelektrisch
	illegale	illegal
	illuminato	erleuchtet, beleuchtet
	impegnarsi	sich engagieren
l'	impero	Reich
	impossibile	unmöglich
l'	imprenditore/ imprenditrice	Unternehmer/in
	imprigionare	gefangen nehmen, einkerkern
in	continuazione	ständig, ununterbrochen
l'	incarico	Auftrag, Amtszeit
l'	incidente (m.)	Unfall
	incinta	schwanger
	incluso	einschließlich
	incrociare	kreuzen, verschränken
	indorare	golden braten
l'	inferno	Hölle
	infine	schließlich
	influente	einflussreich
	ingellato	eingegelt, mit Haargel
l'	ingrediente (m.)	Zutat, Ingredienz
	iniziare	beginnen
	innamorato	verliebt
	insegnare	unterrichten, lehren
	insipido	fade
l'	interesse (m.)	Interesse
l'	interprete (m./f.)	Dolmetscher/in
l'	inverno	Winter
l'	invito	Einladung
	ipnotico	hypnotisch
l'	isola	Insel

L

la	lampada	Lampe
	farsi una lampada	ins Sonnenstudio gehen
la	lana	Wolle
la	lanterna	Laterne
	largo	breit
	lasciare	lassen, verlassen
la	laurea	Diplom
il	laureato	Akademiker
la	lavanda	Lavendel, Spülung
	lavare	waschen, spülen
la	lavastoviglie	Geschirrspüler
la	lavatrice	Waschmaschine
	lavorare	arbeiten
il	lavoro nero	Schwarzarbeit
la	leggenda	Legende
la	libreria	Buchhandlung, Bücherregal
il	libro	Buch
il	lieto fine	Happy End
il	limoncello	Zitronenlikör
la	linea ferroviaria	Eisenbahnlinie
il/la	linguista	Sprachwissenschaftler/in

il	liscio	Standardtanz aus Norditalien	
	liscio	glatt, pur	
la	lista della spesa	Einkaufsliste	
	locale	lokal, heimisch	
la	località	Ortschaft	
	lontano	weit, entfernt	
	luminoso	hell, lichtdurchflutet	
	lungo	lang	
a	lungo	lange	
il	luogo	Ort	
il	lupo	Wolf	

M

la macchina	Auto, Maschine
la maggioranza	Mehrheit
la maglia	Trikot, T-Shirt
magnifico	großartig, prächtig
magro	dünn, schlank
il malato	Kranker
malato	krank
fare male	wehtun
il/i Malloreddus (Sing./Pl.)	sardische Nudeln
la mancia	Trinkgeld
le mani (Pl.)	Hände
la mano (f.)	Hand
marchigiano	aus der Region Marken
il marchio di moda	Modemarke
la marinara	Seemannsart
il marocchino	Espresso macchiato mit Kakaopulver
marrone	braun
la maschera	Maske
il matrimonio	Ehe
la medicina	Medizin
medievale	mittelalterlich
il Medioevo	Mittelalter
mediterraneo	mediterran, aus dem Mittelmeer
la melanzana	Aubergine
il melone	Melone
meno	weniger
mentre	während, wohingegen
il mercante	Händler
la merenda	Zwischenmahlzeit, Schulbrot
il metodo	Methode
mettere	legen, stellen, setzen
mettere in ordine	aufräumen
la mezzanotte	Mitternacht
in/nel mezzo	inmitten
il mezzo di trasporto	Verkehrsmittel
il microfono	Mikrofon
migliore	besser (Adj.)
il/la milleurista	Tausendeuroverdiener
la minigonna	Minirock
minimo	mindest, mindestens
il/la ministro/a	Minister/in
la minoranza	Minderheit

il minuto	Minute
il mirto	Myrthe
il mocassino	Mokassin, Slipper
alla moda	modisch
la modella	das Model
la moglie	Ehefrau
mondiale	Welt-
il mondo	Welt
la moneta	Währung, Münze
montagnoso	gebirgig
il monte	Berg
il monumento	Denkmal
il morso	Biss
il mortaio	Mörser
il mosaico	Mosaik
il mostro	Monster
la motocicletta	Motorrad
il motorino	Mofa
la multa	Bußgeld
muoversi	sich bewegen
il/la musicista	Musiker/in

N

il Natale	Weihnachten
nativo	gebürtig
la nave	Schiff
la nave a vapore	Dampfer
il navigatore	Seefahrer
la 'Nduja	scharfer Salamiaufstrich aus Kalabrien
nero	schwarz
nervoso	nervös
nevicare	schneien
non fare per qualcuno	für jemanden nichts sein
la nonna	Großmutter, Oma
nord	Nord
nucleare	Nuklear-, Kernkraft-
nulla	nichts
il numero	Zahl, Anzahl, Nummer
il numero civico	Hausnummer
nuotare	schwimmen
il nuoto	Schwimmen
la nuvola	Wolke
nuvoloso	bewölkt

O

obbligatorio	pflichtig, obligatorisch
gli occhiali (Pl.)	Brille
odorare	riechen
offrire	anbieten, spendieren
ogni	jedes, jeden, jede...
ogni tanto	ab und an
Ognissanti	Allerheiligen
l'ombrello	Regenschirm
l'ombrellone	Sonnenschirm
l'opera	Werk, Oper

Wortverzeichnis

l'operaio	Arbeiter, Handwerker	
operare	operieren, handeln	
l'ora	Stunde, Uhrzeit	
ordinato	ordentlich, aufgeräumt	
l'ordine (m.)	Orden, Ordnung, Befehl	
l'orecchietta	hausgemachte Nudel (wörtlich Öhrchen)	
l'orecchio	Ohr	
l'organizzazione (f.)	Organisation	
l'origano	Oregano	
l'origine (f.)	Ursprung	
l'orso	Bär	
ottimo	ausgezeichnet	
ovest	West	

P

il padre	Vater
il paesaggio	Landschaft
il paesino	kleines Dorf
pagare	bezahlen
la pagina	(Buch-)Seite
il palazzo	Palast, Palazzo, Hochhaus
il palco	Loge, Bühne (Theater)
il palio	mittelalterlicher Turnier
la pallamano	Handball
pallido	blass
il palo	Latte (Fußball), Pfosten
la pancetta	Bauchspeck
il pandoro	weihnachtliches Hefegebäck
il panettone	weihnachtlicher Hefenapfkuchen
il papiro	Papyrus
la pappardella	breite Bandnudel
il parcheggio	Parkplatz, Parkhaus
il parco	Park
il/la parente	Verwandter
pari/dispari	gerade/ungerade (Zahlen)
il/la parlamentare	Parlamentabgeordnete/r
la parrucca	Perücke
in parte	zum Teil
il/la partecipante	Teilnehmer/in
la partenza	Abfahrt, Abreise
Pasqua	Ostern
passare	vorbeigehen, -fahren, verbringen
il passeggero	Passagier
passeggiare	Spazieren
la passeggiata	Spaziergang
la passione	Leidenschaft
il patrimonio	Vermögen, Erbe
il pattinaggio sul ghiaccio	Eislauf
la pazienza	Geduld
pazzerello	Tollkopf
la pecorella	Schäfchen
il/la pedagogista	Pädagoge/in
la pediatria	Kinderheilkunde
pendente	schief, hängend
la pensione	Pension, Rente
in pensione	in Rente, in Ruhestand
la pentola	Kochtopf
il peperoncino	Chilischote
il peperone	Paprikaschote
la percentuale	Prozentsatz
perfetto/perfettamente	perfekt, vollständig
la pergamena	Pergament
pericoloso	gefährlich
il periodo	Zeit(-rahmen), Periode
il personaggio	Figur, Charakter (Theater)
il peso	Gewicht
pestare	stampfen, mörsern
pezzo	Stück
a piacere	nach Belieben
la piadina	Teigfladen
piangere	weinen
il piano	Geschoss, Klavier, Fläche
il pianoforte	Klavier
il piatto	Teller
piccante	scharf
piccolo	klein
in piedi	im Stehen
pigro	faul, lustlos
il pilota	Pilot, Rennfahrer
la pioggia	Regen
piovere	regnen
la piscina	Schwimmbecken, Schwimmbad
più	mehr
più volte	mehrmals
piuttosto	ziemlich, eher
pizzicare	kneifen, stechen
la platea	Parkett (im Theater)
un po' alla volta	Nach und nach
il poeta	Dichter, Poet
il politico	Politiker
la polizia	Polizei
il ponte	Brücke, Brückentag
popolare	populär, Volks-
casa popolare	Sozialwohnung
Porca troia! (vulg.)	Verflucht(e Hure)!
la porchetta	Spanferkel
portare	tragen
il portiere	Portier, Torwart
il porto	Hafen
il postino	Postbote
il posto	Platz, Ort
il posto fisso	Festanstellung
potente	mächtig
potentissimo	sehr mächtig
potere	können, dürfen
il potere	die Macht
povero	arm
il pozzo	(Zieh-) Brunnen
praticare	praktizieren, treiben
il precario	Zeitarbeiter
preferito	lieblings-

il/la **premier**	Premierminister/in		fare **ridere**	zum Lachen bringen
il **premio**	Preis, Auszeichnung		**ridurre**	reduzieren, verkleinern, verwandeln
prendere	nehmen		**rifatto**	neu gemacht, opereriert (Schönheits-OP)
prendere il sole	sich sonnen		il **rifugio**	Unterschlupf, Bunker, Zuflucht
prenotare	buchen, reservieren		il **rigatone**	kurze gerillte Rohrnudel
il **prezzemolo**	Petersilie		il **rigore**	Strenge, Elfmeter
prima	vorher, im Voraus		**rimanere**	bleiben
prima (di)	vor		il **Rinascimento**	Renaissance
la **primavera**	Frühling		**rinunciare**	verzichten
il **Primo maggio**	Erster Mai		**riparare**	reparieren
il **principe**	Prinz		**riposare**	ruhen, ziehen (Marinade)
la **principessa**	Prinzessin		**rispettivamente**	beziehungsweise, jeweils
probabile/ probabilmente	wahrscheinlich		il **ritmo**	Rhythmus
il **prodotto**	Produkt		il **ritorno**	Rückweg, Rückfahrt
profondo	tief		la **roccia**	Fels
profumato	wohlriechend, parfümiert		fare **alla romana**	die Rechnung gleichmäßig aufteilen
progettare	planen		il **romanesco**	Römischer Dialekt
la **promozione**	Förderung, Beförderung		il **romanzo**	Roman
proprio	eigen, regelrecht, ausgerechnet		**rompere**	brechen, kaputt machen
proteggere	schützen		la **rondine**	Schwalbe
proteggersi	sich schützen		**roseo**	rosig
la **protesi**	Prothese		il **rosmarino**	Rosmarin
protestare	protestieren		**rosolare**	anbraten, anbräunen
psichiatrico	psychiatrisch		**rovesciare**	umkippen, verschütten
pubblicare	veröffentlichen		**rumoroso**	laut, geräuschvoll
la **pubblicità**	Werbung			
il **pubblico**	Publikum		**S**	
pugliese	apulisch		un **sacco**	total, viel (ugs.)
pulito	sauber		il **Sacro Romano Impero**	Heiliges Römisches Reich
la **puzza**	Gestank		la **sagra**	Volksfest
			salazarista	Salazar-
Q			**salire**	hochsteigen, einsteigen
quando	wann, wenn		la **salsiccia**	Wurst
quanto	wie viel		la **salute**	Gesundheit
il **quartiere**	Stadtviertel		**(alla) Salute!**	Zum Wohl!
quindi	also, daher		il **saluto**	Gruß
			Salve!	Hallo!
R			la **salvia**	Salbei
raggiungere	erreichen		il **sandalo**	Sandale
rametto	Zweig		al **sangue**	blutig
la **rana**	Frosch		il **santo**	Heiliger
rasato	rasiert		**sapere**	wissen, kennen, können
il **re**	König		gli **scacchi**	Schach
reale	real, echt, königlich		la **scalinata**	(Frei-)Treppe
il **recinto**	Zaun, Gehege		**scavare**	graben
regalare	schenken		**scegliere**	wählen
il **regalo**	Geschenk		**scelto**	gewählt
la **regina**	Königin		lo **sceneggiatore**	Drehbuchautor
il/la **regista**	Regisseur/in		la **scherma**	Fechten
regolare/ regolarmente	regelmäßig		**scherzoso/ scherzosamente**	scherzhaft
religioso	religiös, kirchlich		lo **schiavo**	Sklave
la **residenza**	Residenz, Sitz		lo **sci**	Ski
ricco	reich			
la **ricetta**	Rezept			

Wortverzeichnis

gli	**sci** (Pl.)	Skier
le	**scienze astrologiche**	Astrologiewissenschaften
le	**scienze gastronomiche**	Gastronomiewissenschaften
lo	**scienziato**	Wissenschaftler, Forscher
lo	**sconto**	Rabatt
	scoprire	entdecken, aufdecken
lo/la	**scrittore/scrittrice**	Schriftsteller/in
	scrivere	schreiben
la	**scuola elementare**	Grundschule
la	**scuola materna**	Kindergarten
la	**scuola media**	Mittelschule (11-14 Jahre)
la	**scuola superiore**	weiterführende Schule
il	**secolo**	Jahrhundert
	segreto	geheim
il	**segreto**	Geheimnis
	seguire	folgen
il	**seno**	Busen
	Senta!	Sagen Sie mal!, Entschuldigen Sie bitte!
il	**sentiero**	Wanderweg
	senza	ohne
la	**sera**	Abend
il	**serpente**	Schlange
il	**sestiere**	Sechstel (Stadtviertel in Venedig)
il	**Settecento**	18. Jahrhundert
la	**settimana**	Woche
la	**settimana bianca**	Skiurlaub
il	**settore**	Bereich
la	**sfilata**	Personenzug, Modeschau
lo	**sfinimento**	Erschöpfung
la	**sfogliatella**	Neapolitanische Blätterteigtasche
lo	**shakerato**	geschüttelter kalter Espresso
lo	**shampoo**	Shampoo
	significare	bedeuten
il	**simbolo**	Symbol
il/la	**single**	Single
	snello	schlank
	sodo	hartgekocht, prall
	soffrire	leiden
	solare	Sonnen-
	soprattutto	vor allem, hauptsächlich
la	**sorella**	Schwester
la	**sorgente**	Quelle
	sottile	dünn
	sotto	unter, unten
la	**spaghettata**	Spaghettiessen
la	**spazzola**	Bürste
lo	**specchio**	Spiegel
la	**specialità**	Spezialität
	specializzato	spezialisiert
	spegnere	löschen, ausschalten
	sperare	hoffen
fare la	**spesa**	den Einkauf machen
	spesso	oft
	spettacolare	spektakulär, großartig
lo	**spettacolo**	Spektakel, Vorstellung
la	**spezia**	Gewürz
lo	**spicchio**	Spalt, Zehe
	spirituale	spirituell, geistig
	sporco	schmutzig, dreckig
	sposare/sposarsi	heiraten
gli	**sposi** (pl.)	Brautpaar
lo/la	**sposo/a**	Bräutigam/Braut
lo	**spumante**	Sekt
lo	**spuntino**	Imbiss, Zwischenmahlzeit
la	**squadra**	Mannschaft, Team
lo/la	**stagista**	Praktikant/in
lo	**stambecco**	Steinbock
la	**stazione ferroviaria**	Bahnhof
lo	**stemma** (m.)	Wappen
lo	**stilista**	Modedesigner, Stylist
lo/la	**stilista di moda**	Modedesigner/in
lo	**stipendio**	Gehalt
	stirare	bügeln
la	**stoffa**	Stoff, Textil
	stonato	falsch singend
la	**storia**	Geschichte
	storico	historisch
	stracotto	zerkocht
la	**strada**	Straße
	stretto	eng
lo	**strozzaprete**	Hausgemachte Nudel (wörtlich Priesterstrangulierer)
	stupido	dumm
il	**successo**	Erfolg
il	**succo**	Saft
	sud	Süd
	suggestivo	suggestiv
il	**sugo**	Sauce
	suonare	klingeln, klingen, spielen (Musik)

T

il	**tacco**	Absatz
il	**tamburo**	Trommel
la	**tartaruga**	Schildkröte
il	**tartufo**	Trüffel
la	**tassa**	Steuer, Gebühr
il	**tatuaggio**	Tätowierung
	tatuato	tätowiert
la	**tazza**	Tasse
la	**tazzina**	Espressotasse
la	**teiera**	Teekanne
la	**telecamera**	(Video-) Kamera
il	**televisore**	Fernseher
un	**tempo**	einst, früher
il	**tempo**	Zeit, Wetter
la	**tenda**	Vorhang, Zelt
il	**teramano**	Bewohner aus Teramo
le	**terme** (Pl.)	Thermalbad
la	**terra**	Erde
il	**territorio**	Gebiet, Fläche
il	**tessuto**	Stoff, Gewebe

il	**Tevere**	*Tiber (Fluss)*	il	**vitello**	*Kalb*

il	**Tevere**	*Tiber (Fluss)*
	tiepido	*lauwarm*
il	**timo**	*Thymian*
il	**tipo**	*Typ, Art*
	toccare	*berühren, anfassen*
la	**tombola**	*Bingo, Zahlenlotto*
il	**topo**	*Maus*
il	**tornante**	*Serpentine*
il	**torneo**	*Turnier*
la	**torre**	*Turm*
la	**torta**	*Torte, Kuchen*
il	**totocalcio**	*Fußballtoto*
la	**tovaglia**	*Tischdecke*
il/la	**traduttore/traduttrice**	*Übersetzer/in*
il	**traghetto**	*Fähre*
i	**tratti (somatici)** (Pl.)	*(Gesichts-)Züge*
	tritare	*kleinhacken*
il	**trito**	*Gehacktes*
la	**trota**	*Forelle*
	truccarsi	*sich schminken*
il	**tunnel**	*Tunnel*
la	**TV**	*TV*

U

l'	**ufficiale**	*Offizier*
	ufficiale/ufficialmente	*offiziell*
l'	**uliveto**	*Olivenhain*
l'	**ultima cena**	*Abendmahl*
	ultimo	*letztes/-er*
	ultrapiatto	*ultraflach*
l'	**unificazione**	*Vereinigung*
l'	**uovo** (m.)	*Ei*
	usare	*benutzen, verwenden*

V

	Vaffanculo! (vulg.)	*Leck mich am Arsch!*
il	**valore**	*Wert*
	vanitoso	*eitel*
la	**varietà**	*Vielfalt*
	vedere	*sehen*
	vegetale	*pflanzlich, Gemüse-*
	vegetariano	*vegetarisch*
	veloce	*schnell*
il	**vento**	*Wind*
	verace	*waschecht*
	vestirsi	*sich kleiden*
	Via!	*Los!*
il	**viaggio**	*Reise, Fahrt*
	vietato	*verboten*
la	**villetta**	*Einfamilienhaus*
	viola	*lila*
il	**violino**	*Violine*
	visitare	*besichtigen, untersuchen*
il	**viso**	*Gesicht*
la	**vista**	*Aussicht*

il	**vitello**	*Kalb*
	Viva…!	*Es lebe…!*
	vivo	*lebend, lebendig*
a	**voce alta/bassa**	*mit lauter/leiser Stimme*
	volare	*fliegen*
	volere bene	*lieb haben*
il	**volo low cost**	*Billigflieger*
il	**volume**	*Volumen, Umfang*
la	**vongola**	*Venusmuschel*
il	**vulcano**	*Vulkan*

W

	WC	*WC*

Z

la	**zuppa**	*Suppe*

Bildnachweis

Seite 4: Arcipelago della Maddalena: fotolia/ fusolino, Tiramisu: fotolia/ Carmen Steiner, Siena: fotolia/ Alexey Ivanov • **Seite 5:** Pizza: fotolia/ fudio, Florenz: shutterstock/ Mikhail Nekrasov, Pesto: fotolia/ Viktorija • **Seite 6:** Alte Italienkarte: fotolia/ Chad McDermott • **Seite 7:** Griech. Tempel in Selinunte: fotolia/ sunderbor • **Seite 9:** Duomo di Milano: fotolia/ Wolfgang Jargstorff, Griech. Theater von Siracusa: fotolia/ imagesef, Fontana di Trevi: fotolia/ Fel1ks, Palazzo Ducale Venedig: shutterstock/ Phoenix79, Arena Verona: iStockphoto/ gioadventures, Turm von Pisa: fotolia/ Image Source, Sixtinische Kapelle: fotolia/ Mischa Krumm, Vesuv: fotolia/ AndreasEdelmann • **Seite 10:** Niccolo Paganini: shutterstock/ Stocksnapper • **Seite 12:** Italienkarte mit regionalen Grenzen: fotolia/ darknightsky • **Seite 13:** Strand von Amalfi: fotolia/ etra_arte • **Seite 14:** Museum: fotolia/ Sam Spiro • **Seite 15:** Lago di Scanno: fotolia/ Gianluca Scerni • **Seite 16:** Venedig, Piazza San Marco: fotolia/ lapas77 • **Seite 17:** Venedig, Gondola: fotolia/ lapas77 • **Seite 18:** Venedig: shutterstock/ S.Borisov • **Seite 20:** Carnevale: iStockphoto/ RelaxFoto.de, iStockphoto/ t-lorien • **Seite 21:** Paparazzo: fotolia/ Friday • **Seite 22:** Piazza: Susanne Godon • **Seite 23:** Zwiebeln: fotolia/ volff, Schnecken: fotolia/ Flowphoto, Esskastanien: fotolia/ viappy, Kirschen: thinkstockphotos/ iStockphoto • **Seite 25:** Spritz mit grüner Olive: fotolia/ Moreno Novello • **Seite 26:** Sophia Loren: shutterstock/ s_bukley • **Seite 27:** Gianna Nannini: shutterstock/ S. Kuelcue • **Seite 28:** Ärzte: thinkstock/ Comstock Images • **Seite 30:** Ragù: fotolia/ robynmac • **Seite 32:** Vittorio Emanuele II di Savoia: fotolia/ Lorenzo Brasco • **Seite 33:** Mailand, Dom: fotolia/ Tatjana Balzer, Piazza di San Carlo, Turin: fotolia/ andersphoto • **Seite 34:** Vitello tonnato: fotolia/ Brigitte Bonaposta • **Seite 35:** Kräutergarten: iStockphoto/ gaffera • **Seite 36:** Cinque Terre: istockphoto.com/ Daniel Breckwoldt • **Seite 37:** Ligurien: fotolia/VRD • **Seite 38:** Schiff Christoph Columbus: fotolia/ joserpizarro • **Seite 39:** Cinque Terre Zug: fotolia/ Adriana Harakalova • **Seite 40:** Pesto: fotolia/ Viktorija • **Seite 41:** Julias Balkon: iStockphoto/ 6603997 • **Seite 42:** Straßenmusikanten: fotolia/ alb470 • **Seite 43:** Giuseppe Verdi: fotolia/ laguna35 • **Seite 45:** Musikinstrument Scacciapensieri: fotolia/ Comugnero Silvana • **Seite 46/47:** Markenlandschaft: shutterstock/ Claudio Giovanni Colombo • **Seite 48:** Giacomo Leopardi: shutterstock/ Nicku • **Seite 49:** Maria Montessori: shutterstock/ irisphoto1 • **Seite 50:** Parmaschinken: fotolia/ Francesco83 • **Seite 51:** Confetti: fotolia/ valevale • **Seite 52:** Weihnachtsessen: fotolia/ Studio Gi • **Seite 53:** Penne: fotolia/ Orlando Bellini, Ravioli: fotolia/ denio109, Cannelloni: fotolia/ Tomfry, Tagliatelle: fotolia/ earlytwenties • **Seite 54:** Pizza Margherita: fotolia/ fudio • **Seite 55:** Knoblauch: fotolia/ Schlierner, Sardellen: fotolia/ Ray, Kapern: fotolia/ unpict, Olivenöl: fotolia/ Angel Simon, Oliven: fotolia/ Lsantilli, Tomaten: fotolia/ msk.nina, Glatte Petersilie: fotolia/ blende40 • **Seite 56:** Dante Alighieri: fotolia/ Anibal Trejo • **Seite 57:** Basilica di San Francesco, Assisi: fotolia/ Moreno Novello • **Seite 58:** Basilica di San Lorenzo, Florenz: fotolia/ MasterLu • **Seite 59:** Rotwein: fotolia/ Yü Lan • **Seite 60:** Toskana: fotolia/ Cat, San Gimignano: fotolia/ ISO-68, Italiens Cowboys: fotolia/ olly, Olivenhaine: fotolia/ Leojones • **Seite 61:** Mann mit Buch: fotolia/ Luana Rigolli • **Seite 62:** Umbrien: fotolia/ Claudio Quacquarelli • **Seite 63:** Perugia: fotolia/ Elisa Chiaramonte • **Seite 64:** Mura di Todi: fotolia/ anghifoto, Brunnen 99 Cannelle, l'Aquila: shutterstock/ claudio zaccherini, Gran Sasso: fotolia/ maurosessanta, Pozzo di San Patrizio, Orvieto: fotolia/ Mi.Ti. • **Seite 66/67:** Rom: fotolia/ MasterLu • **Seite 68:** Obelisco: fotolia/ fragolerosse • **Seite 69:** Croissant: fotolia/Designer_Andrea • **Seite 70:** Frascati: fotolia/ Vincenzo Parrilla, Isola di Ponza: fotolia/ Mirek Hejnicki, Bomarzo, Parco die mostri: fotolia/ Riccardo Spinella, Ostia: fotolia/ Alex Della, Lago di Bracciano: fotolia/ Gianluca Rasile • **Seite 71:** Castel Sant Angelo: fotolia/ scaliger, Campidoglio, Palazzo Senatorio: fotolia/ Iamio, Nasone in Rom: fotolia/ gianpi53, Spanische Treppe, Rom: iStockphoto/ fotoVoyager • **Seite 72:** Tisch reserviert: fotolia/ andrea photo • **Seite 73:** Casino: fotolia.de/ Irochka • **Seite 74:** Glückszahl 13: fotolia.de/ Calek • **Seite 75:** Schimpfen: fotolia/ Tilio & Paolo • **Seite 76/77:** Golf von Neapel: fotolia/ $andriy • **Seite 78:** Amalfi-Küste: fotolia.de/ fotografiche.eu • **Seite 79:** Casello: fotolia/ Designer_Andrea, Controllo elettronico della velocità: fotolia/ fusolino, Stazione: fotolia/ fusolino • **Seite 81:** Caffè e sfogliatella: fotolia/ karandaev • **Seite 82:** Italienische Fußballfans: iStockphoto/ sack • **Seite 83:** Formel 1: shutterstock/ Michael Stokes, Radfahren: istockphoto/ David Bukach, Basketball: PhotoDisc/ Getty Images, Volleyball: fotolia/ yanlev, Rugby: shutter-

Bildnachweis

stock/ PhotoStock10 • **Seite 84:** Golf: iStockphoto/ ImagineGolf, Handball: fotolia/ carmeta, Fußball: shutterstock/ Fotokostic • **Seite 85:** Italienischer Zeitungskiosk: iStockphoto/ gioadventures • **Seite 86:** Capo Vaticano: fotolia/ Adamus • **Seite 87:** Straße von Messina: fotolia/ Gennaro Guarino • **Seite 89:** Italienischer Tanz: fotolia/ Leojones • **Seite 90:** Weingläser, Anstoßen: fotolia.de/ Konstantin Sutyagin • **Seite 91:** Carabiniere: fotolia/ Sergiogen • **Seite 92:** Arbeitssuche: fotolia/ Antonio Gravante • **Seite 94:** Regen: fotolia/Christian Schwier, Schnee: fotolia/ Karol Kozłowski, Bedeckter Himmel: fotolia/ Raffalo, Sonnenschein: fotolia/ NatUlrich • **Seite 95:** Befana: fotolia/ Silvano Rebai • **Seite 96/97:** Eolische Inseln: fotolia/ Mario Guarrella • **Seite 98:** Arcipelago della Maddalena: fotolia/ fusolino • **Seite 99:** Schild: fotolia/ Leojones • **Seite 100:** Cartamusica: fotolia/ Alessio Orrù • **Seite 101:** Kapern: fotolia/ al62 • **Seite 103:** Madonna Cappella Baroncelli: fotolia/ Claudio Colombo, Botticelli: fotolia/ Blue Moon, Venere di Milo: fotolia/ Perseomedusa, Damina: fotolia/ Erica Guilane-Nachez

Noch nie war Italienisch so anschaulich!

ISBN: 978-3-12-516083-5
[D] 9,99 € **[A]** 9,99 €

Niveau A1 – B2

› **Alle Wörter, die Sie brauchen:** 16.000 Wörter und Wendungen aus den wichtigsten Lebensbereichen.

› **Richtig aussprechen:** Mit Lautschrift für jedes italienische Wort.

› **Gesehen und einfach gemerkt:** Durch Bilder bleibt der Wortschatz besser haften.

› **Leicht gefunden:** Im zweisprachigen Register schnell das richtige Wort nachschlagen.

› **Plus:** Offline Premium-App.

Sehen, verstehen, gemerkt!
Mit Bildern den gesamten Grund- und Aufbauwortschatz nachschlagen und lernen. Für Anfänger (A1) und Fortgeschrittene (B2).

PONS
www.pons.de